正面领导

让员工跟定你的31个心理学小工具

[美] 玛格丽特·格林伯格（Margaret H. Greenberg）
[美] 塞尼亚·梅敏（Senia Maymin, PhD）◎著
柴 丹 汤冬冬◎译

PROFIT FROM THE POSITIVE

Proven Leadership Strategies to Boost Productivity and Transform Your Business

中信出版集团 · 北京

图书在版编目（CIP）数据

正面领导：让员工跟定你的31个心理学小工具 /（美）玛格丽特·格林伯格，（美）塞尼亚·梅敏著；柴丹，汤冬冬译. --北京：中信出版社，2017.12（2020.2重印）

书名原文：Profit from the Positive : Proven Leadership Strategies to Boost Productivity and Transform Your Business

ISBN 978-7-5086-3951-2

I. ①正… II. ①玛… ②塞… ③柴… ④汤… III. ①企业管理－管理心理学 IV. ①F270-05

中国版本图书馆CIP数据核字（2017）第234699号

正面领导：让员工跟定你的31个心理学小工具

著　　者：[美]玛格丽特·格林伯格　[美]塞尼亚·梅敏
译　　者：柴　丹　汤冬冬
出版发行：中信出版集团股份有限公司
（北京市朝阳区惠新东街甲4号富盛大厦2座　邮编　100029）
承 印 者：三河市中晟雅豪印务有限公司

开　　本：880mm×1230mm　1/32
印　　张：8.75
字　　数：205千字
版　　次：2017年12月第1版
印　　次：2020年2月第2次印刷
京权图字：01-2014-5673
广告经营许可证：京朝工商广字第8087号
书　　号：ISBN 978-7-5086-3951-2
定　　价：42.00元

献给马丁·塞利格曼和克里斯·彼得森，感谢他们唤醒了我们对积极心理学的激情。

——玛格丽特和塞尼亚

献给我的丈夫和最好的朋友尼尔，感谢他们给予我坚定不移的爱、支持与鼓励。

——玛格丽特

献给我的丈夫丹，感谢他为我们的家庭创造的非凡奇遇。

——塞尼亚

目　录

推荐序

《正面领导：让员工跟定你的31个心理学小工具》是我这些年读过的最具实用性和可操作性的商业书籍之一。很少有一本商业书籍能让你迫不及待地采取行动。相信读完这本书，你的行为马上就能发生改变。

在与企业管理者的交谈中，我了解了他们所面临的一些共同的挑战。然而，真正让他们夜不能寐的是为了发展公司业务所面临的永不停止的挑战。提高员工和客户的忠实度是企业获得商业利润增长的重要途径，虽然大部分领导者知道自己需要学习提高员工和客户忠实度的最佳方式，但是他们缺少时间来实践学到的知识。

过去10年，在领导力和积极心理学领域出现了大量的研究，有数不清的新发现能帮助你继续提升领导力。与市面上绝大多数商业书籍相比，《正面领导：让员工跟定你的31个心理学小工具》更清晰地传达了这些新发现的理念。虽然积极心理学新领域的研究发展很快，但要找到方法将这些发现运用到商业实践中仍是一个挑战。玛格丽特和塞尼亚直面这一挑战，将最好的理念运用到她们对普通员工、管理人员和企业家的培训中。在这本书中，她们分享了经过实践证明的工具和方法，你可以放心地运用到你的公司里——无论规模大小。

这本著作与其他有关领导力的商业书籍的不同在于它的可操作性。玛格丽特和塞尼亚在构思和写作时考虑到了领导者忙碌的日程，她们用一种清晰、简明的讲述方式，从新发现中提取精华，并加入了非常棒的故事和访谈。

《正面领导：让员工跟定你的31个心理学小工具》是一本非常值得信赖的商业书籍，这在市面上并不多见。如果能把其中的工具和方法用于管理实践，相信你会变成一位卓有成效的管理者。

汤姆·拉思

序 言

其他方法都试过了，现在尝试一些真正有用的吧

作为一名企业管理者，假设你已经精简流程、重整结构、寻求客户和员工的反馈，并积极建设团队，甚至给员工多发奖金，认为涨工资能让他们更努力和长久地为你工作，但是这些仍然不够。你持续地面临着如何增长业绩、提高生产力、改进品质的挑战——所有这些都要在削减预算或与预算持平的基础上进行。一个管理者要做些什么？雇一个团队？你很少能奢侈到由自己来选择团队成员，即使能，你仍然不知道如何才能让团队成员好好合作。其他方法都试过了，现在尝试一些真正有用的吧。

积极心理学是有用的

《正面领导：让员工跟定你的31个心理学小工具》是针对企业管理者和希望成为领导者的人，以及高管培训人员和人力资源专员而写的一本实用指南。我们把来自积极心理学领域的最新发现变成简明的、可操作的工具，你不需要花费一分钱，也不用聘请昂贵的咨询公司，立即就可以运用。

积极心理学是对个人、团体或企业表现出色的原因进行研究的科学。它涵盖了对生产力、心理弹性、动机、情感、力量、团队动力和其他很多内容的研究。

虽然互联网有着漫长的发展历史，但人们通常认为1995年是互联网的元年。积极心理学的源头同样可以追溯至亚里士多德关于美好生活的写作，然而，直到1998年马丁·塞利格曼掌舵美国心理学会，积极心理学才算正式成为一门学科。是的，积极心理学比互联网更年轻。

自从塞利格曼和他的同事开创了这一领域，已经出现了数以万计的相关的研究论文。在学术界，短暂的时间内出现了数量惊人的研究成果。这个领域的研究大爆炸吸引了媒体的眼球，它们开始杜撰一些故事，其中有些内容并不准确。了解这一点很重要：积极心理学并不是积极思维方式，它并不是在把柠檬榨成柠檬汁的时候念几句感恩箴言，积极心理学的研究者寻找的是每一个企业管理者都需要努力克服的问题的答案：

- 如何在不增加员工人数的情况下提高生产力？
- 如何能让团队成员通力合作，更上一层楼？
- 如何动员人们表现出他们最好的一面？

积极心理学的许多新发现还没有向公众开放，研究成果多数发表在学术期刊上，相关的实际应用还没有得到充分的检验。此外，MBA（工商管理硕士）项目才刚刚把积极心理学整合到课程中。所以，很少有企业管理者能接触到这门新科学，能恰当地应用这门新科学的人就更少了。

而这正是本书的切入点。我们两人在开创自己的咨询事业之前，都曾为几个大型公司工作：玛格丽特在人力资源部门，塞尼亚在财务部门。另外，塞尼亚还创办过3家高科技创新企业。

我们两人的初次见面是在宾夕法尼亚大学应用积极心

理学硕士学位班项目的开班课堂上，马丁·塞利格曼也参与了这一项目的联合教学。从这个项目毕业之后，我们为企业高管、企业主和我们培训的团队把相关研究转化成实际的应用。我们已经帮助安泰保险、汉诺威公司、美国万通金融集团、SNL金融、Unum集团、威睿公司，以及许多其他公司和高科技创新企业运用了这本书中的工具和方法。这些客户愿意尝试这些方法，使自身获得成长，在与它们的合作中，我们发现了30多种工作改进方法，用于改善它们的事业。这本书就是这些工作成果的结晶。

许多杰出的商业领导者，不管自己是否意识到了这一点，他们都已经在运用积极心理学的工具，你可能也是其中之一。每当百杰乐茶业（Bigelow Tea）的总裁辛迪·比奇洛提醒公司的管理人员，他们承担不起工作状态糟糕导致的严重后果的时候，她就是在强调情绪对团队生产力的影响（见第三章）。美捷步在线鞋城（Zappos.com）的首席执行官、《三双鞋》一书的作者谢家华，在祝贺一位员工给顾客带来满意服务的时候，可能没有意识到，他正在运用“频繁认可和鼓励”这一方法来提高生产力（见第六章）。

这本书是如何组织的

我们调查了几十位客户、公司领导者和创业者，向他们询问了关于运营事业所面临的迫在眉睫的问题。这些问题构成了本书的基础。

本书分为三部分。第一部分（第一章到第四章）聚焦于领导者，介绍了四种为了获得成功必须培养的思维方式：高效、有心理弹性、有感染力，以及从优势出发；第二部分（第五章到第八章）的重点是把积极心理学的研究运用到团队管理和一般商业实践中，比如雇用和管理员工、进行绩效考核、组织会议等；第三部分（第九章），我们将向你展示如何在今天就开始运用这些工具。

每章的开始，我们都是先讨论那些无效的方法。我们知道这听起来不是很积极，但我们坚持：积极心理学不是积极思维方式。在商业案例中，原有方法无效时，正是推动新进步的好时机。

接着，我们把相关性最高的积极心理学研究成果转化成能够提高生产力或增加利润的方法。讲完每个案例，我们都会提供一些特别的工具——这些实用的建议都有科学研究做基础——你可以运用到自己或团队成员身上，也可以运用到你的公司。通过对我们自己的商业经历和培训经历的案例进行研究，以及成功商业领导者的叙述，我们可以掌握这些工具并把它运用到实际生活中。

我们希望你能在阅读这些案例的过程中，对自己多一些了解，因为你肯定在职业生涯中有过类似经历。

我们在每章的结尾用一系列“关键点总结”和“需要思考的问题”做总结。附录A总结了本书提到的31个工具。另外，每一章的总结内容也会出现在书后的“阅读与讨论指南”中。如果你能把在本书中学到的知识运用到下一次研讨会、课程、会议或读书俱乐部中，我们会感到很高兴。附加的调查问卷和其他资源可以在附录B到附录E中找到，也可以在我们的网站ProfitFromThePositive.com上找到。

不管你是领导着3名员工还是3 000名员工，只要你在寻求使公司成长、进步的可靠方法，那么这本书就是写给你的。即使你不管理或领导他人，只是一名个体投资者或教练，只要你所从事的职业依赖于个人的影响力，你就会发现这本书的内容与你从事的工作高度相关，而且很容易执行。

我们希望你能从头到尾读完这本书，但我们知道你很忙，所以在本书的谋篇布局上用了点儿心，你可以从任何一部分你感兴趣的内容或某个迫在眉睫的问题开始读起。翻开任何一页，都可以开始你的阅读之旅。我们特意把研究和实际应用分成小块儿，让你可以从任何一部分开始钻研。也许你在上班的路上看完某一部分，在当天的工作中就可以用上这些小窍门。我们很自信，你会发现一些马上就可以运用的东西，从积极心理学中获益。享受这次阅读之旅吧！

玛格丽特和塞尼亚

第1部分　关于领导者

在这一部分，我们将注意力聚焦于你，即领导者自身。之所以要从探讨领导者自身开始，是因为我们认为如果你不能有效地领导自己，就无法有效地领导他人。然而，关于领导力，已经有数不清的理论模型、方法和技能，足以让你头晕目眩。

在本部分的四个章节中，我们精练地总结了在你试图领导他人之前，必须要做的准备。当然，我们的建议是有科学依据的。读完这一部分，你将具备以下能力：

- **用同样的时间来完成更多的工作**（第一章） 例如，你是否知道，虽然纠正不了一个坏习惯，但你可以培养一个好习惯来替代它？
- **在事情进展不顺时更快地重整旗鼓**（第二章） 例如，你是否知道，在工作遇到困难的时候，学习者的姿态比专家姿态更能有效推进工作？
- **拥有更大的影响力**（第三章） 例如，你是否知道，你的职位越高，你的情绪对下属工作效率的影响就越大？
- **不仅仅要解决问题**（第四章）例如，你是否知道，有一种方法可以调整你对负面消息的反应方式，从而将团队的工作效率提高近40%？

我们在每一章都分享了可以立即运用的实用性方法。这些方法都经过了实践检验，并且都是基于最新的研究结果。现在就请开始阅读吧！

第一章
高效的管理者：不仅仅是管理时间

根据美国心理学会的调查，70%的美国人反映，工作是他们生活压力的一个主要来源。美国人平均每天工作多于8小时，但工作效率却不及德国人。过去50多年里，心理学家主张人们为他们的日常活动制作日程表。令人吃惊的是，与1965年相比，人们每天可以自由支配的时间仅仅多了一个小时。我们看起来比以往更忙碌，但完成的工作量却越来越少。

我们知道要确定优先工作项目，制作待办事项清单，将大目标分割成小块儿逐一完成。然而，许多人低估了花费时间列工作计划的重要性。虽然我们心里知道应该做什么，但有时很难摆脱固有的习惯。在培训数百名企业主和经理人所获得的经验中，我们发现了三个导致工作效率低下的原因：过度工作，同时处理多项事务，拖延。

过度工作。我们的一位客户保罗是某数据服务公司的领导者，业务遍及全球。他的状态不仅是工作过度，简直已经到了筋疲力尽的地步。“我们在三大洲拥有 17 个分部，跨越了 8 个时区，这让我简直无法停止工作。”他郁闷地说。保罗的工作状态并不是特例。

朝九晚五的工作时间已经被一天 24 小时、一周 7 天的连轴转取代。在一次对 12 名“千禧一代”的非正式调查中，玛格丽特问：“8–5 对你来说意味着什么？”最常见的答案是：“昨晚的球赛比分。”

对大多数人而言，每周工作 40 个小时已经成为历史，这源于现代社会的两个巨大变化：一是经济全球化，二是科技的发展使我们每时每刻都能进入工作状态。我们曾经认为东西海岸同时办公很具挑战性。即使在当今的全球化商业运作下，安排一次电话会议仍然难度很大，因为无论怎样安排，都会有人需要在午夜起床才能参加会议。

保罗描述了他一天的工作常态："我命令自己在晚上 7 点以前离开办公室，并且限制了自己在家里的工作量。这对我来说是一个巨大的转变。以前我会从早上 7 点工作到晚上 8 点或 9 点，凌晨起床再继续工作到早上 5 点。也就是说，我根本不能保持工作与生活之间的平衡。"

即使在家里工作，由于科技产品尽在手边，你仍然可能过度工作。我们的客户经常抱怨说，他们的邮箱被蜂拥而至的邮件塞满，需要花费大量时间处理。我们的一位客户艾莉领导着一个刚被收购的财务服务公司的整合小组。对她来说，每天工作 11 个小时是家常便饭，而且这 11 个小时仅仅指的是在办公室里的时间。"我通常晚上 6 点下班，这样可以及时赶回家与丈夫和孩子共进晚餐。然后洗碗、做家务，等孩子们都睡着了，我还要花好几个小时处理邮件，处理完才能上床睡觉。每天都是如此。"

雅虎公司首席执行官玛丽莎·梅耶尔曾经说过："我处理起邮件来就像跑一场马拉松比赛。有时我在周六或周日处理邮件，一处理就是 10~14 个小时之久。"梅耶尔说她一周要工作 90 个小时，每半年才有一个星期的休假。

同时处理多项事务。我们的客户埃迪，一边排队买火鸡三明治，一边用手机浏览收件箱，收听一封语音邮件。他火急火燎地冲回办公室，收银员对他喊道："还没找你钱呢！"等他到了办公室，正赶上12点30分开始的电话会议，参加会议的还有他的上司和团队其他成员。在电话会议上报到后，他按下静音键，抽空处理了几封邮件。在回复第三封邮件时他的手机响了，是他的高尔夫球友发来的短信，正回短信时，又听见上司叫他："埃迪，你在吗？"他赶紧回话："我在。""关于这个问题，你有什么好的解决办法吗？"上司问他。好的解决办法？埃迪压根儿不知道大家在谈论些什么。

许多客户告诉我们，他们实在太忙了，只能同时做几件事，只有这样才能完成这些任务。他们在开车的时候参加电话会议；在开会的时候上网搜索信息；一边打电话，一边回邮件。人们认为同时处理多项事务效率更高，这大错特错。我们将同时处理多项事务对工作效率最大的影响称为"转换成本"，当注意力从一件事转移到另一件事，或者从一个焦点转移到另一个焦点时，需要付出额外的精力。事实上，我们在不同任务之间转换时，工作效率降低了40%。这意味着，在正常的8小时工作时间内，同时处理多项事务相当于浪费 3 个小时的工作时间。

假设坐在电影院里

马丁·塞利格曼是积极心理学的创始人之一，有时他会在主题演讲进行到 15 分钟时说："作为心理学家，我可以判断，诸位当中有一半人在听我讲话，另一半人正在进行性幻想。"一部分听众会大笑起来，而其余的听众则会茫然四顾，以为自己错过了什么精彩内容。

玛格丽特在刚开始运作工作室时，也用了类似的方法。"接下来的两小时，请想象我们坐在电影院里，"她笑着说，"请大家关闭电子设备。"接着，她问参与者们是否知道什么叫"心不在焉"。一部分人会点头。"心不在焉的意思是身体在一个地方，心却溜走了。就好像你们在开每周电话例会时把手机调成静音查阅邮件那样。"房间里几乎所有参与者都不约而同地露出了惭愧的笑容。

2007 年进行的一项研究表明，社交媒体会打乱人们的工作进程，降低工作效率和创新能力，每年造成的经济损失达 6 500 亿美元。据估计，仅回复邮件一项每年就会造成 700 亿美元的损失。

设想一下：你在起草一份报告时，一封邮件弹出来，你立即回复邮件，然后继续起草报告；接着，又收到一条短信，你又回了短信。研究表明，当你回复完邮件或短信再继续写时，将花费更长时间使注意力回到报告上。这就是转换成本。

如果不在多个任务之间来回跳跃，我们通常会获得更多灵感。例如，Monster.com的创始人杰夫·泰勒，就是在睡梦中想到去做一个在线求职网站的。他说，有些最好的战略思想恰恰是在他无所事事的时候想到的，而不是在同时做许多事情的时候。我们培训过的很多企业管理者告诉我们，他们是在一次慢跑或游泳后想到了解决棘手问题的办法。

在不同任务之间转换有一项隐形成本：破坏你的声誉。还记得埃迪吗？他后来告诉我们，他为没能参与会议讨论备感尴尬："在我的上司和团队其他成员看来，我像个傻瓜。而且我失去了一部分他们对我的信任和尊重，需要时间来挽回。"

拖延。高效不仅仅需要良好的时间管理方法。特蕾西是一家财务服务公司的主管，她很忙碌，奔波于全美各地，帮助公司外派部门执行新的产品组合任务。新年伊始，上司交给她一个项目：用有限的资金筹备第二阶段的新产品展览。但在第一季度就快过完的时候，该项目仍然没有任何进展。特蕾西知道上司正在等着看她的筹备计划，但她一直希望能运用她在第一阶段获得的经验来使第二阶段的工作变得完美。特蕾西是一个完美主义者。

完美主义是高效的敌人。如果你有拖延的习惯，你很可能是一个完美主义者。如果你倾向于延期处理一些任务或项目，原因很可能是你想“用正确的方式去做”。研究发现，完美主义通常是这三种思维模式造成的：期待自己获得完美结果，期待别人获得完美结果，或者认为别人期待自己获得完美结果。

要做一名高效的领导者，你需要创造一种思维模式。你需要尽快执行任务，这样才能在正常的下班时间离开办公室。本章中，我们会向你展示四种经过检验的方法，它们能提高工作效率：“事先计划”，而不是“直接去做”；诱导自己进入状态；培养习惯，而非只是设定目标；努力做到事半功倍。

1. “事先计划”，而不是“直接去做”

我们对耐克公司的口号“Just do it”（直接去做）耳熟能详，而且我们相信这就是更有效率的行事方式。实际上这是误解。虽然在某些情况下“直接去做”是挺有用的，但研究表明，“事先计划”往往比“直接去做”效果更好。在你一头栽进工作之前，列一个简单的计划有助于提高工作效率。

圣诞节后第二天

哥伦比亚大学的心理学家彼得·戈尔维策研究了人们开始工作的动机。他招募了一些大学生来参与试验。其中一半被告知，他们需要在12月27日前递交一份报告，描述自己是如何度过圣诞节的。另一半被试的任务相同，但他们要提前确定完成任务的具体时间（比如在早饭后）和地点（比如在客厅的一个安静的角落），这些学生实际设置了一个我们所谓的“触发事件”。结果怎么样？在提前确定了写报告的具体时间和地点的学生中，71%的人在规定时间里发送了报告。另一组只有不到32%的学生按时完成了任务。戈尔维策的试验在几十种不同的情境下重复了大约100次。想要在截止日期前完成任务？如果你能提前确定完成任务的时间和地点，按时完成任务的概率将提高一倍。

提高完成任务的概率

我们经常需要某位雇员、同事或合作伙伴的配合才能顺利完成工作。根据上文提到的试验结果，我们可以得出一个有用的结论：如果能在人们的头脑中植入一个触发事件，或者最好事先确定执行任务的具体时间和地点，按时完成任务的概率就更大。举个例子：你说，“你能在上午10点钟开始的会议结束之后把那份报告送到会议室给我吗？”将比“乔，明天你能把那份报告交给我吗？”更有可能拿到那份报告。

我们可以从烟民身上学到什么

通过对30 000名成功戒烟的烟民进行研究，心理学家詹姆斯·普罗哈斯卡创建了一个理论模型，描述人们在生活中是如何改变旧习惯的。他最大的发现是，人们通常会一时兴起，立即行动（“我从明天开始就不抽烟了”），而不会提前做好充分的准备工作，促使改变有效进行。他们的意愿可能非常真诚，然而，如果没有恰当的计划，成功的可能性非常小。所以，在你急于采取行动之前，抽出时间来，列出一天、一周或一个月的具体计划，并且在计划时，为自己设定触发事件。

2. 诱导自己进入状态

在汤姆·克鲁斯主演的电影《少数派报告》中，预防犯罪部门能够提前预见一起案件的发生。试想，如果你能提前预知自己每天能完成的任务，结果会怎样呢？

在写这本书时，玛格丽特确实做到了这一点。在一天的工作结束时，她就给塞尼亚发一封邮件，告知进度，并附上最新完成的内容。但你知道这封邮件她是在什么时间写的吗？她上午坐在电脑前开始工作时，便第一时间写好了邮件。在她起草这封邮件时，这些内容都还没有付诸行动呢。她用过去时态描述了一天“已经”完成的任务。在某种意义上，玛格丽特是在“设定”自己开始工作。下面有两个“设定”自己开始工作的技术：蔡格尼克记忆效应和蒂娜的“哈哈！”清单技术。

蔡格尼克记忆效应

将近100年前的一项研究揭示了一点关于工作效率的奥秘。心理学研究者布卢玛·蔡格尼克发现，不一次性完成一项工作可能是件好事。假如你同意参与一项研究，在这项研究中，研究者给你20项需要依次完成的任务，其中包括做泥塑、做算术、做一个纸箱、完成一个拼图游戏等。当你在执行这些任务时，有一半的任务会在你有机会完成之前被打断（被打断的任务是随机选择的）。在研究结束之前，研究者让你向他叙述你都做了哪些任务。你会更容易记起那些被打断未完成的任务呢，还是会更容易记起那些你顺利完成的任务呢？有趣的是，那些被打断的任务给人留下的记忆更深刻。

这个结论对你的工作有什么帮助呢？把一项只完成了

一部分的任务放在你的桌上，这样，到了第二天早上，你立即就知道该做些什么。这就是蔡格尼克记忆效应。故意留下未完成的任务：在写下整段内容之前列出大纲，或者在制成产品前写好演示文稿。

我们有位客户叫桑贾伊，他不爱早起，通常很难在上午进入工作状态，然而他又痛恨自己浪费时间。蔡格尼克记忆效应对他来说很适用。桑贾伊决定将他管理的信息技术部门与整个公司不同的业务线更好地结合起来。“我已经与所有的大股东都谈过了，”他告诉我们，“但我还需要在明天下午开会之前以邮件形式通知大家相关的业务变化。”我们问他：“你今天下午就起草这份通知，明天上午审阅一遍后再发送出去。如此一来你明天上午一起床就知道要做什么了。”桑贾伊不仅在这件事上尝试了这个方法，而且后来我们了解到，他几乎每天都会为第二天早上留下一些未完成的任务，这样他就能顺利启动每天上午的工作了。

蔡格尼克记忆效应起作用的前提是，一定要有个开始。比如说你希望联系一位潜在客户，但还不确定具体如何操作。如果你只是想着“我应该联系这位客户”，蔡格尼克记忆效应是无法发挥作用的。你需要有个开头，这样才能创造一个未完成的结尾。你可以写下与客户联系时需要重点注意些什么，或者在互联网上搜索客户所在公司的相关信息，然后停下来，一段时间以后再回过头来继续，你的工作会更有成效。

第一次洗车，还是第三次去洗车

诱导自己开始做一件事的另一种方法是，设定你已经开始做了。两位研究者在一家专业洗车店做了一个研究。第一次来这家洗车店的顾客会得到一张积分卡。其中一半顾客的积分卡上有 8 个空格，每洗一次车，店家会在积分卡的空格处盖一个章。积分规则是，洗满 8 次车就可以得到 1 次免费洗车的机会。另一半顾客得到的积分卡上有 10 个空格，但是前两个空格处已经盖了章（也就是说这个积分卡已经完成了 1/5 的积分）。在接下来的 9 个月里，洗车店统计有多少顾客获得了免费洗车的机会。积分卡上有 8 个空格的这一组，19% 的顾客到店里洗过 8 次车，获得了一次免费洗车的机会。积分卡上有 10 个空格、其中两个空格盖过章的这一组，32% 的顾客填满了剩余的 8 个空格，获得了一次免费洗车的机会。在一项任务已经启动之后，人们更容易坚持下去。

你如何才能专注于推进某个项目或任务，避免从一开始就停滞不前？试试被我们戏称为蒂娜的“哈哈！”清单的技术吧。我们有一位叫蒂娜的客户，她总是在自己的待办清单上写下几个实际上已经完成的事项，然后又很快把它们从清单上划掉。“哈哈！没有比看着待办清单上已经有几件事被划掉的感觉更好的了。”她跟我们说。听起来很疯狂？也许吧，但这确实挺管用的。

在电视机前的一分钟

茱莉是加州大学洛杉矶分校心理学家罗伯特·莫勒的病人。茱莉是一位单亲妈妈，体重超标，过度工作，还患有糖尿病。莫勒通常会建议他的病人每天运动30分钟，但他知道这个建议对茱莉来说可能没用。于是他问茱莉：“你看电视吗？”

茱莉疑惑地看着他：“看啊。”

“你能在每次看电视的时候站起来走动一分钟吗？”

茱莉盯着莫勒，心想他是不是在跟自己开玩笑，回答说："可以。"

他们商定在接下来的两周时间里，茱莉每天看电视的时候要站起来走动一分钟。两周后，茱莉很积极地向莫勒医生反馈："我可以每天再做一分钟别的什么事吗？"在一定程度上，莫勒已经成功地诱发茱莉开始了一个运动计划。在接下来的三个月里，茱莉不断在生活中寻找片刻的空闲时间做运动，毕竟这不是什么难事。事实上，一项研究证明，一天内以每次 5 分钟为单位，做够 30 分钟的运动效果与持续做 30 分钟运动的效果是一样的。

让我们把这个思路运用在工作上。如何让自己开始一项已经拖延很久的项目呢？单看表面现象，卡拉似乎总是不能按时完成手上的项目。事实上，卡拉不是一个爱偷懒的人。相反，她把时间都用来应对各种危机了。但上级安排给她负责的战略性项目，她经常拖延，难以动手执行，这已经给她的职业生涯带来负面影响。卡拉来见我们的时候状态非常低落。

"我觉得事情都失控了，"她说，"我走得越快，反而越落后。我必须在这个人才战略项目上取得进展，但我总是没有大块的时间来工作。”

“关于这项任务，如果只给你5分钟，你会做些什么？”我们问她。

“5分钟根本不够。”她反驳道。很明显，我们这个“馊主意”惹恼了她。

“确实不够，但是如果你只有5分钟呢，你会做些什么？”我们继续问她。

“也许我会匆匆记下需要输入电脑的人名，然后安排一些会议。”

“很好，这是一个开始，”我们说，“如果要使这个项目进展1%，你还能做些什么？或者换句话说，现在你能采取的最小，却能使项目取得最大且最有效率的进展的步骤是什么呢？”

“我想应该是从公司的内联网中拿到模板，填入我手头现有的信息。”卡拉回答说。

“现在，你有一个好的开始了。下周见面交谈时，我们希望你能把如何推进这个项目的所有小步骤都清楚说出来。”

在接下来的电话咨询中，卡拉与我们分享了她在这一人才战略项目中取得的进展。她已经成功地通过不断积累小步骤完成了一项重要的项目。

实用技巧：促使人们开始行动的提问方法

通过下面这些简单而有力的提问，可以帮助自己、雇员和合作伙伴启动几乎所有事情：

如果现在只给你 5 分钟时间，你会做些什么？

如果要使这个项目取得仅仅 1% 的进展，你会做些什么？

现在你能采取的最小，却能使项目取得最大且最有效率的进展的步骤是什么呢？

这两个工具——事先计划和诱导自己进入状态——是通过建立新的行为模式来提高工作效率。相反，下面的工具是通过终止某些行为方式来提高工作效率。

3. 培养习惯，而非只是设定目标

获得晋升，每天运动，写一本书，这三者有什么共同之处吗？它们都是一个目标。吸烟，咬指甲，打断别人谈话，这三者又有什么共同之处呢？它们都是一种习惯。当我们还是个孩子时，就被告知达成目标是最重要的，方法是不重要的。然而，事实证明，如果要变得成功、高效，养成好习惯和规则要比设定目标更有效。

我们能从“瘾君子”身上学到什么

戒毒辅导员会告诉你，一个吸毒成瘾的人成功戒毒的概率是很小的。一种瘾只能被另一种瘾取代，比如用嚼口香糖的习惯来替代可卡因成瘾。这是为什么呢？除特定毒品本身有明显的使人上瘾的特性以外，还有一个更为重要的因素：习惯会改变人的大脑。麻省理工学院的安·格雷比尔是此类课题的研究先驱，她发现人很难真正丢掉一个旧习惯。习惯深深根植于大脑中。不过，你可以养成一个新习惯，以替代旧习惯。你可以把习惯想象成人们在森林中踏出的一条小径。虽然你很难让这条小径完全消失，但你可以在森林中另辟一条道路。假以时日，走的次数多了，这条新路将会成为你大脑中的首选通路。

南加州大学的心理学家温迪·伍德和她的同事做了一

项研究。研究的内容是，当学生的生活环境改变时，他们还能否坚持形成新的好习惯。伍德的研究对象是那些在学年中期转到一所新学校的学生，这些学生在之前的学校都有非常规律的运动习惯。如果新学校的生活情境或环境与之前的学校很像，比如到健身房的距离相同、课程时间安排相似，学生们会反馈说他们仍然坚持从前的运动习惯。相对而言，若新的学校环境与之前大不相同，学生们放弃以前运动习惯的可能性更大。

伍德和她的同事指出了在培养习惯时重复频率和环境的重要性。如果新学校的健身房与之前学校的健身房环境相似，比如两所学校的健身房到宿舍的距离一样，新学校的课程表正好配合了他们之前的运动规律，那么转学的学生依然会坚持从前的运动习惯。他们不需要刻意保持原来的习惯，也不需要花费额外的精力。就拿运动来举例，如果把运动当作一种习惯，就会自动去做，甚至连想都不用想。

“你不会不刷牙就离开家，对吗？”美国财产与人寿保险行业的翘楚——农夫保险公司的高管姆哈塞·萨玛雅说，“晨练对我来说就像刷牙一样，我想都不用想，直接就会去做。”

我们可以把这种思维方式运用到工作中。我们的客户彼得，在一家大型商业建设公司的风险管理部门工作。他的责任之一是为该部门收集全面的产业趋势方面的信息。他在日程表里设定提醒，在每周五的下午3点半到5点之间上网搜索信息，而不会在一周里随意地抽出空闲片断来做这项工作。

我们的另一位客户黛博拉，是一家索赔处理呼叫中心的领导，她的目标是让自己能够及时处理电子邮件。她养成了一个习惯，每天4次查收邮件——上午8点，上午11点，下午2点，下午6点——每次浏览10分钟，而不是一收到邮件就立即查收。别忘了实际隐藏的实在的转换成本。

同样的时间，同样的地点

要知道，有时把一个目标转换成一种习惯，需要进行一些有意识的思考。例如，即使你希望在一次商务旅行的途中坚持运动计划，却可能因为旅途生活与日常生活相差甚远而无法完成既定的运动量，甚至你会完全放弃运动。酒店的健身房对你而言并不熟悉。这时，你可能需要更有意识地去维持这个习惯，比如说出发前记得带上运动服，在前台登记时向工作人员询问酒店健身房的位置。但你要知道，如果重复的频率够高，在酒店健身房运动也可能成为一种习惯。

我们的一位客户克里斯打算在第三季度结束之前重新设计他的网站。然而，作为一名企业主，他日理万机，似乎永远抽不出时间来做这件事。“那么让我们想一下，你每隔多久能抽出时间，以及在什么地方能做这件事吧。”我们说。

“通常每周五的 3 点到 5 点吧。”

“很好，”我们说，“那你会在什么地方开始做这项工作？办公室，家里，还是其他什么地方？”

克里斯回答说：“我会在走廊尽头的那间会议室里工作，这样可以不被打扰，也不会被电话和邮件分心。”

一个月以后我们回访克里斯，他的新网站已经快要上线了，而这多亏了他养成的新习惯。

把一些工作“外包”给习惯

所谓习惯，就像是把一些工作交给大脑的自动化工作部门。就好像许多公司把重复性的流水线业务外包给印度或中国的公司，你也可以把一些工作外包出去。你可以把所有的工作都“外包”给习惯吗？不可以。只把那些比较常规的、不太困难的、重复性的任务“外包”给习惯吧。

马修在一家律师事务所管理着一个律师团队。他的办公室简直就是灾难现场——过去6个月里相关案子的文件夹成堆叠放在地板上。这场面让他抓狂。更重要的是，他那混乱不堪的办公室留给他的同事和客户的印象是：他已经不堪重负，根本不在工作状态。我们跟他讲了习惯的重要性，并问他：“你能不能把清理办公室的工作交给习惯？”

马修对我们的建议很是怀疑：“你们在开玩笑吗？我的办公室一直都是这个样子。你们觉得我能打破一个保持了15年的习惯吗？”

“当然可以。每天下班前你抽10分钟来整理这些文件，怎么样？”

“好吧，我想我可以试试看。”马修同意了。

两周后，我们再次拜访了马修，他的桌子变得很干净，那些成堆的文件消失了。每天10分钟，算下来一周还不到一个小时，他养成了一个清理办公室的新习惯。但更大的好处体现在哪儿呢？马修觉得他工作时更加专注了。他清理了自己的办公室，更重要的是，他也清理了自己的头脑。

4. 努力做到事半功倍

贝斯蒂的能干在公司里是出了名的。从早上刚到办公室，一直到晚上下班离开，她一整天都在“灭火”。这很令人钦佩是吗？是的。但这能促进她职业生涯的发展吗？不能。她这样做的后果是自己被“烧伤”了，朋友和家人提起她时会说：“贝斯蒂是谁？”承担太多工作可能会拖职业发展的后腿。为什么呢？因为你会被看作一个做事的人，而不是一名领导者。问题出在哪儿呢？如果你所做的一切都只是在“灭火”，那么你的上级永远看不到你有进行战略性思考的能力，也看不到你有防患于未然、在第一时间避免“火灾”发生的潜力。事实上，你的上级可能不敢让你升职，因为如果你升职了，你原来所在的项目或部门就会出娄子。所以猜猜你的职业生涯会如何发展？你将错过升职机会！

纯种马和船的相似之处

你注意过吗？那些纯种马的主人经常为他们珍爱的马匹起最疯狂的名字，像是“再来一个”“我要复仇”，或“永不回头”。船主也会做这样的事。随便在哪个码头闲逛，你都会发现诸如此类的船名：“旋转时光”“坎贝尔的单桅帆船”，或“沉醉水中”。玛格丽特和她的丈夫把他们的船命名为“不插电”。有些人看到船尾画着的不插电的电线时，会问她她的丈夫是不是一名电工。还有人认为她丈夫是原声吉他手，所以才会选择这个船名。“不插电”这个名字到底有什么来历呢？原来，在这艘船上有个规定：不能带任何工作上船！除船上的航行设备以外，所有的电子设备必须留在岸上。没错，玛格丽特和她丈夫会带着手机以备不时之需，但用手机查收电子邮件是决不允许的。

在这个一周工作7天、一天24小时为工作待命的世界里，工作和生活的界限已经模糊了，人们发现“不插电”的生活越来越难做到，他们的工作效率也因此受到影响。失眠、酗酒、咖啡因成瘾的案例不断增加，而这都与压力越来越大的生活方式有关。前面的三个工具是为了帮助你在当前的工作时间表和现有计划之下提高工作效率，下面的这个技术是教你如何事半功倍地工作。

《和你的智能手机共眠》(*Sleeping With Your Smartphone*)一书的作者、哈佛大学商学院的教授莱斯莉·珀洛组织了一项为期4年的研究。研究发现，实际上，减少工作时间比增加工作时间更能提高个人和组织的生产力。珀洛和她的同事杰西卡·波特在一次针对1 000名专业人士的调查中发现，94%的调查对象说他们每周工作50个小时以上，50%的调查对象说他们每周工作65个小时以上。这还没有算上他们每周在办公室外20~25个小时查看智能手机的时间。珀洛和波特要求波士顿咨询公司(BCG)在北美的几个工作小组将工作时间从每周5天削减为每周4天，这一变动非常剧烈。珀洛和波特在挑战咨询顾问必须随时待命的传统观点。波士顿咨询公司担忧他们的客户对此会做何反应，因此为每个4天工作小组增加了一名额外的咨询顾问。这些参与研究的咨询顾问被要求提前为削减工作时间做好准备，而且，在特定的时间里连电子邮件和语音信箱也不能查看。结果如何呢？这些咨询顾问重新整理了他们的工作流程，在4天的工作时间里，他们完成的任务反而比之前用5天时间完成的还要多。此外，咨询顾问之间的沟通交流也有所改善，一些客户也反映说他们获得了更好的客户体验。

索尼电影娱乐公司找出了通过教会员工避免职业倦怠提高工作效率的方法。索尼公司针对所有层级的员工，通过培养一些特定的习惯或规则，使他们焕发活力。比如在一天的特定时间段屏蔽电子邮件的干扰，专心于某项重要的项目或任务；每天傍晚散步；在工作时间到公司的健身房运动等。在参加训练的员工中，80%的人认为这些方法使他们变得更有效率，更能集中注意力；84%的人认为他们更能胜任工作要求了。虽说不能把员工的表现仅仅归功于这一训练项目，但索尼公司的领导层相信，这是索尼公司能在困难的经济环境下业绩持续表现良好的原因之一。

塞尼亚曾在一年夏天为东京的一家大型燃气公司服务。她在该公司的一个分支机构待了一个星期的时间，对员工在办公室工作和拜访客户时的状态进行追踪。这家公司规定，员工必须在每天的一小时午餐时间内休息一会儿，至于如何休息则由员工自己来决定。这还不是最令塞尼亚吃惊的。每天 10 分钟的自助午餐结束后，员工们有的打牌，有的小睡一会儿，有的在设有竹质榻榻米的休息室里冥想。他们说，午餐后在休息室里进行冥想练习，既能补充能量，又能让自己放松，而且他们认为冥想可以使他们在下午的工作中更有效率。

避免对瑜伽房一次性倦怠

冥想植根于东方文化，在西方世界，冥想经由大大小小的公司设立的瑜伽室和冥想室普及开来。如今，冥想训练与金融 101、谈判技能一起，已经成为企业学习和发展的培训课程。最初采用冥想训练的只是西海岸的高科技创新企业，但由于这种创新性的服务能帮助员工集中精力，越来越多的主流公司也开始采用冥想训练，例如通用磨坊食品公司、塔吉特公司和安泰保险金融集团。

安泰保险金融集团的董事会主席兼首席执行官马克·贝尔托利尼每天都会冥想。他说："每天早上起床后，我会在工作前练习瑜伽，调息，冥想，唱诵《吠陀经》。"贝尔托利尼在安泰发起了一个项目，让员工们可以选择性地进行冥想和瑜伽训练。从 2010 年起，超过 3 500 名员工参加了这一项目。这家美国第三大人寿保险公司现也将这一项目提供给客户，帮助客户减少医疗保健费用。一个练习冥想的员工不仅工作效率更高，身体也更健康。

我们的休假政策：可以

亚马逊的创始人兼首席执行官杰夫·贝佐斯、推特的创始人伊凡·威廉姆斯，以及谷歌董事长埃里克·施密特，这三位科技巨人之间除了“科技”本身之外，还有什么共同之处？他们都投资了EverFi，一家总部设在华盛顿的教育技术公司。这家公司致力于教授学生重要的生活技能，例如理财和防止药物滥用的措施等。这家公司有什么特别之处呢？为何它能够同时吸引贝佐斯、威廉姆斯和施密特的注意并得到投资支持呢？

如今，许多公司都为员工提供室内健身房和瑜伽练习室，它们还提供额外的福利，比如安排带薪休假帮助员工放松。我们了解到，EverFi公司的特别之处在于，提供的带薪休假的方式不同于大多数公司。能够想象吗？无论什么时间，只要你想休假，告知上级，就可以无限期带薪休假了?！我们与EverFi的创始人之一、公司首席执行官汤姆·戴维森交谈时了解到，他有一套关于人的哲学理解。这套哲学的精神在俗世的商业实践中也得到了体现，好比EverFi公司的休假制度。

“人拥有的最有价值的资产是他们的时间，”戴维森说，他是2012年高盛投资公司评出的全球前百名企业家之一，“如果你认为他们不能管理好自己的时间，那么在其他事务上，他们很可能也不值得信任。在EverFi，我们拥有清晰的目标和愿景，所以不必将自己的时间花在预订机票、计划假期或差旅审批上。”

我们对此深感疑惑，接着问了一个更深入的问题：“这样的休假政策是否被滥用过？”

“现在我们有超过100名员工，至今还没有发现有人滥用这一政策。我采用的独特的管理方式是为了创造一种能够释放人们创造力的氛围，其中就包括让员工自己决定他们什么时候能休假。”

劲量兔子

我们的一位客户名叫谢丽尔，同事们给她起了一个外号：劲量兔子。她在工作上总是努力努力再努力，等到下班回家时已经筋疲力尽。她几乎没有为自己的朋友和家庭留下一点儿能量。她来我们这儿咨询，迫切想得到建议。谢丽尔真正需要的是让自己的大脑好好休息一下。如果她能在午饭时间离开办公桌休息一会儿，工作效果会更好。然而，在整个职业生涯当中，谢丽尔一直都把午餐时间拿来工作。当我们建议她从现在开始午休时，谢丽尔突然说："午休？你在开玩笑吗？一天的时间根本就不够用！"

"好吧，那么，你能做出的最小的改变，同时也能产生最大效果的改变是什么呢？"我们问她。

"我想我可以在周五的中午休息一会儿，如果天气好的话可以出去散个步。"

"好的，这是个很好的开始。除此之外你还能做些什么？"谢丽尔决定回家后关掉手机，至少要关掉一两个小时。她已经采取了两个简单的办法来使自己的大脑得到休息，这意味着她允许由潜意识来处理信息，让信息在大脑内建立新的联系。

请认真思考，如何让自己和同事摆脱过度工作的状态。要记得，你在筋疲力尽、囿于旧有的做事方式时，是很难采取新颖的和富有创造力的方式思考的。

关键点总结

导致工作效率低下的原因有两个在于我们自身：习惯拖延和同时处理多项事务。还有一个原因来自外部影响：过度工作。曾几何时，多做工作的唯一办法是尽可能长时间地待在办公室里。而今，得益于科技的发展，我们能够在任何时间、任何地点工作。我们知道有很多人变成了工作狂，以致除了工作，生活的其他内容反而成为累赘。有效率地工作不仅仅是采用一系列时间管理技巧。高效率是一种可以习得的思维模式。具体而言，你可以做出如下努力：

- **"事先计划"，而不是"直接去做"。** 虽然你很可能对此有偏见，认为行动对于推动事态发展更有价值，但如果你能花点儿时间做一些工作计划的话，工作会更有成效。在一天的开始或结束时抽出 10~15 分钟时间做计划。

- **诱导自己进入状态。**有时我们必须设定自己，让自己默认一个项目已经启动了。我们习惯拖延的原因是，某个项目看起来过于庞大艰难，以致内心产生了怠惰。想出几个已经完成的步骤，这会提醒你项目已经取得了一些进展。
- **培养习惯，而非只是设定目标。**虽然目标是很有价值的，然而，如果把它们变成习惯和规则，你将更快实现目标。请记住：同样的时间，同样的地点。
- **如何做到事半功倍？**关于工作效率有一个悖论：事实上，安排休息时间会让你更高效。不要把自己拴在办公桌前。定时起来休息一会儿。给大脑一个放松的机会，它会找到解决棘手问题的明晰方案。

延长工作时间，或者更加卖力，都不是提高工作效率的好办法。以上这些方法才是行之有效的。

需要思考的问题

读完本章，问问自己以下几个问题：

1. 结合自己目前的状况，关于如何提高工作效率，我有哪些方面做对了？

2. 当我拖延某项工作时，有什么办法能让我相信自己已经开始行动了呢？

3. 我可以把哪一个目标变成一种习惯呢？

4. 我每天怎样才能为自己抽出一些专属时间？

5. 为了提高工作效率，我能做出最小的，同时能获得最大、最积极的效果的改变是什么呢？

第二章
有心理弹性的领导者：来自心理学的鞭策

作为一个领导者，仅具备较高的工作效率是不够的。如果要让他人追随你，你还得是一位有心理弹性的领导者。每个人都会经历职业上的挫折，例如错失一位重要客户，在向高层管理者做报告时表现糟糕，或者错过升职机会。然而，最重要的是，你能多快从这些负面事件中重新振作起来。

“如果想变得富有创造力，你必须愿意经受失败。”亚马逊网站的创始人兼首席执行官杰夫·贝佐斯如是说。亚马逊是现今全球最大的在线零售商，它也有过失败的经历：雇用收费昂贵的编辑撰写书评，盲目发展审计业务等。不同于贝佐斯的态度，我们大多数人把失败看作瘟疫，避之唯恐不及。而且，当真的遭遇失败时，我们还要狠狠地打击自己，给自己施加更多的压力。

早晨 4 点钟

“我能很顺利地入睡，”我们的客户理查德说，“但我会在早晨 4 点钟醒来，脑子里念头飞转，在头脑中计划待办清单。”理查德接着解释说，躺在床上等待闹铃停止时，那些白天他可以轻松解决的小问题，不知为何都变成了大难题。

理查德的状况并不是个案。不光是美国人反映他们经受着压力带来的心理和生理痛苦，这一现象在全球范围内都普遍存在。2012 年，一项研究调查了全球超过 16 000 名公司雇员，研究发现，过去一年里，人们在工作中经受的压力增长了大约 50%。在研究所及的国家中，中国和德国的雇员压力分别以 75%的增幅和 58%的增幅位居一、二名。此外，那些受雇于大型公司的员工感受到的压力往往是普通公司员工的两倍。

我们倾向于把压力看作外部发生的事件，比如失业或者在经济困难的情况下维持收支平衡。我们没有意识到的是，压力实际上是我们对外部事件的反应，而不是事件本身。好在我们可以训练自己以一种更健康的方式来应对引发压力的事件。

在对数百名企业主和企业高管进行培训的过程中，我们发现，在应对负面事件时，有两种普遍存在的损害工作效率的反应方式：一是思虑过度，二是在应对突发事件时陷入行动瘫痪。

思虑过度。“你上周为执行委员会做的报告怎么样？”我们问劳拉，她是一家《财富》杂志“世界200强”公司质量管控部门的领导。

“还行吧，”她犹豫地回答说，“但让我非常抓狂的是，主办者提出的一个问题我没有答上来，当时乱讲了一通。其实当时我应该简单地说：‘我会去深入了解情况，然后答复您。’”

“那么你圆满回答了多少问题呢？”我们问。

劳拉想了一会儿。“我不知道，也许有十几个吧。”她回答说。

我们感到很好奇。“那么是否可以说你很好地回答了这些问题呢？”劳拉笑了。我们这个简单的提问让她在一瞬间恍然大悟。她意识到，在这一周大部分时间里，她在脑中一遍又一遍地重播这个没答上来的问题。她成了“事后诸葛亮”，并且因此让自己手足无措。

陷入行动瘫痪。10年前，塞尼亚与创业伙伴共同创立了一家创业型公司，为一家大型生活消费品公司开发技术原型。

“该公司的品牌经理给了我们很大的帮助，”塞尼亚回忆说，“他对这个项目很热心，也给了我们相当大的自由度。我们开发出了一个很强大的技术原型，还在讨论共同运营另外一个大项目。但有一天他打电话通知我们，他将被调到另一个部门。此外，他还说那个大项目将由他的继任者接管。‘但那不是他最重要的工作。’”

这让塞尼亚和她的创业伙伴，以及团队的其他成员感到相当失望。她开始反思问题出在哪儿。

“我开始反思，是否应该预先为这个项目多做些支持性准备工作，比如在项目早期就邀请这位品牌经理的上级参与该项目？简单地说，自从我们不再与这位品牌经理联系，我们的项目就完全停止了。我们没有探讨出推动项目继续发展的解决办法，而是在不停地回顾之前的失误。”

有时，当我们经历类似的挫折时会把自己困住，无法采取行动。这样的行动瘫痪会导致视野狭隘。抽象地说，就是我们变得缺乏创造力；具体来讲，就是我们的注意力变得狭窄。

创伤后应激障碍抑或创伤后成长

心理学家了解到，战争和其他暴行过后的幸存者事实上可以经由这些负面事件获得成长和发展。这个结论可能与我们的第一感觉相悖。它也会让我们想起尼采的名言：“那些没有杀死我们的，会让我们更强大。”遗憾的是，创伤后应激障碍的故事，而不是创伤后成长的故事，更能吸引媒体的眼球。积极心理学的研究者研究了创伤事件的另一面，即所谓的创伤后成长：受调查者反映，他们在经历一次悲惨事件之后的几个月或几年内发生了积极的改变。研究者会询问那些经历过创伤事件的人，在多大程度上同意例如“我发现我比我想象中更强大”和“我能够用我的生命做一些更好的事情”这样的描述，以此来衡量在他们身上发生的积极变化。

研究者在研究人类的心理弹性、勇气和毅力后发现，痛苦的经历事实上可以激发出人性中最好的部分。面对创伤性事件，首先做出反应到达现场的是诸如消防员、警察和医疗急救工作者之类的人。例如，在一项针对急救中心工作人员的调查中，几乎所有人都说他们进入这一岗位 18 个月内曾经历过至少一次创伤性事件。同时，超过 95% 的被调查者说他们在经历创伤性事件之后，至少获得了一点儿小小的积极改变。

此外，你很可能对一个非营利性组织很熟悉：反醉驾母亲协会（Mothers Against Drunk Driving）。这个组织的创立者是一位母亲，她自己的女儿在一次车祸中身亡，而肇事司机当时正是酒后驾车。另一个创伤后成长的例子是脑科专家吉尔·博尔特·泰勒。她曾经历过一次严重的中风，后来她运用自己在恢复过程中获得的经验为别人提供帮助。

当感觉到压力、恐惧、无能为力时，我们特别需要心理弹性。我们在最低谷时，需要一些工具和技术帮助我们走出困境，有时需要给自己一个心理上的鞭策。在本章，你会学到如何改变思维方式，而不是改变做法。这三个工具，曾在数百次研究中显示其功效。它们是：不要放弃，只需要放弃做专家；戴上探索者的帽子；赢得与自己的辩论。

1. 不要放弃，只需要放弃做专家

奇普·康利是生活乐趣连锁酒店集团的创始人。他 26 岁的时候在旧金山湾区买下第一家汽车旅馆，创办了这家公司。在接下来的 25 年中，他将公司旗下酒店的数量扩展到近 40 家。然而，受 2002 年互联网泡沫破灭的影响，到湾区旅行的游客人数骤减，公司遭到了严重的打击。

这一名为“生活乐趣”的连锁酒店是如何在互联网泡沫破灭的打击下生存下来，并成长为加州最大的精品酒店集团的呢？我们问康利。“我认为加强或者说点燃心理弹性的品质之一是好奇心，”他告诉我们，“那些生命中的顿悟经常是在你已知的事物和这个世界上完全不同的元素间发生碰撞时出现的，后者能够帮助你以全新的方式看世界。”

对康利来说，顿悟是在一次逛书店的过程中产生的，那时恰逢公司经营最糟糕的时期。他当时被马斯洛需求层次理论中关于自助的一部分内容吸引。他告诉我们，这本书成为生活乐趣酒店集团转型的指导理念，它不仅帮助他们走出了困境，而且让公司规模扩大了两倍。好奇心是他成功的关键。

几十年来，斯坦福大学的心理学家卡罗尔·德韦克一直在研究人们面临类似康利经历的挑战时是如何反应的。德韦克发现，面对一项艰难的任务时，有些人变得兴奋而且更加努力，另一些人则会退缩，而且很快就放弃。更有意思的是，德韦克和其他研究者能够在实验中引发人们对挑战感到兴奋的思维模式，这意味着这种思维模式不是天生的，而是可以后天习得的。要想改变人们面对挑战时的态度，只需要告诉他们将要执行的任务性质：能够展示他们的能力，或者能让他们学到东西。

研究者告诉参与者："这个箱子里，有难度层级不同的任务需要解决，有的比较难，有的简单些，如果你选择这个箱子，虽然学不到新东西，但它可以展示你能够做些什么。"参与者并不知道这是一个"表现性任务"。

"如果你选择另一个箱子里的任务，"研究者继续解释说，"你很有可能会学到许多新东西，但你可能会犯一堆错误，觉得有些迷茫，时不时还会觉得自己有点儿蠢，但你能学到一些有用的东西。”这些参与者被提供的是一个“学习性任务”。

就像所有科学研究一样，这里有一个故意的调转。两个箱子里的内容其实是一样的。在此项研究中，这个简单的调转是用不同的方式描述同一个任务，以此来观察不同的描述如何影响一个参与者选择接受挑战或是回避挑战。除此之外，一些参与者被告知，他们的表现会被录像，并由一组专家进行评估（表现性任务），而另外一些参与者被告知，他们会“增长见识”（学习性任务）。在那些被告知在执行任务的过程中会被录像的参与者中，只有66%的人选择了该任务（“它可以展示你能够做些什么”）。在那些被告知完成任务后会增长见识的参与者中，82%的人选择了该任务（“你很有可能会学到许多新东西”）。结论是，如果参与者被告知自己将受到评估，他们确实有意愿去展示自己的技能，而如果参与者被告知自己能在执行任务的过程中增长见识，他们渴望学习的意愿会更强烈。

“那又怎样？”

拥有学习性思维模式的人，会把更多精力用于努力做事，发展自身能力。拥有表现性思维模式或专家式思维模式的人，倾向于更多地关注和表现自己已有的能力。你可能会想，那又怎样？拥有表现性思维模式的人相信自己要么具有某项能力，要么不具有。这种思维模式决定了他们是否会接受一项挑战性任务，也决定了如果他们接受这项任务，犯错时会有多强烈的失败感，有多大可能会中途放弃。然而，拥有学习性思维模式的人相信自己会投入更多的努力，会不断进步，并且不怕失败。这样的人放弃或中断一项挑战性任务的可能性很小。

如果你是一位管理者，要给团队分配有挑战性的新任务，请将这项任务设计成一个学习的机会，就像我们给客户罗莎娜的指导建议。

罗莎娜在一家中等规模的技术公司管理一个项目小组。她希望把一个前景高度清晰的项目交给乔纳森，罗莎娜打算让他做自己的接班人。虽说这是个弹性任务，但能让他有机会接触公司的管理层。在接下来与乔纳森一对一的面谈中，罗莎娜向他明确了新任务。

“我希望为你创造机会，领导下一届班子，”罗莎娜开门见山，“虽然还有许多未知因素，但我有信心我们能一起解决问题。你希望在这项任务中学到些什么呢？”

“我希望我能更深入地了解这个领域是如何与家庭办公互相配合的，”乔纳森回答说，“也希望能更加了解我们的旧系统，这样我们就可以设计出一个新战略来替换它们。”

“听起来很不错，”罗莎娜回答说，“我想让你知道没有哪个团队是完美的，而且你很有可能在这个过程中犯一些错误，但我会一直支持你。”

学习性思维方式可以提升能力，增强心理弹性。当新任务被设计成可以学习的机会时，我们会更热情地付出更多的努力去完成它们。

领导者：鼓舞士气、减少恐惧的提问方法

下次你或你的同事要启动一个有挑战性的新任务时，试着用这些问题来激发学习性思维方式：

如何利用过去的经验应对当前的挑战？

你希望从这个新项目中学到什么？

你可能会犯什么样的错误？如果偶尔犯了这些错误，你如何说服自己即使犯了错误也没关系？

每月一错俱乐部

奇普·康利在生活乐趣连锁酒店集团成立了每月一错俱乐部，用以激发学习性思维模式。每个月，公司里的某位员工会获得一项奖励，原因是，“他们犯下的错误帮助他们获得的新知和智慧远大于因该错误而损失的成本”。这种运用学习性思维方式获益的方式多棒啊！

我们在本章开始就讲到，亚马逊的创始人贝佐斯相信，创造和发现的欲望——也就是我们说的学习性思维方式——对于公司的所有层级而言都是必要的。这种精神是亚马逊实现“世界最大的以顾客为中心的公司”目标的关键。贝佐斯说：“你必须愿意犯错误，愿意在很长一段时间内被人误解……成功的创造要求你在更高层级上进行实验。”

当我们放弃成为专家的企图，而更愿意做一名学习者时，我们就会更好地应对挑战。我们会更具心理弹性，更富于创新能力。然而，若是我们认为选择范围很狭窄，那该如何发挥创造力呢？继续读下去。

2. 戴上探索者的帽子

我们的顾问马丁·塞利格曼是《活出最乐观的自己》一书的作者。书中，他描述了自己针对人们如何用不同方式解读同一件事的研究。他认为，乐观主义并不是能看到杯子里还有半杯水，或者对乌有之乡怀有空洞幻想。判断一个人是否乐观，可以通过他对正面和负面事件的解读总结出来。他把这称为一个人的“解读风格”。运用这种方法，我们每个人都可以戴上“探索者”的帽子，探索在特定情境下我们希望运用哪种解读风格。

我们可以把解读风格分为三个独立的组成部分：个人性（是我引发这件事的吗？）、恒久性（这件事是可以改变的吗？），以及普遍性（这个事件会波及我生活中的其他方面吗？）。在《心理弹性因素》（*The Resilience Factor*）一书中，凯伦·瑞维奇和安德鲁·沙提提供了一个简单的框架来描述解读风格：我—总是—所有事。

“我—总是—所有事”框架

当一件负面事件发生时，问自己以下几个问题：

我：是我引发这件事的吗？还是外部事件引

发的？还是两者都有责任？

总是：这种情况是不是总发生在我身上？还是只是一时的挫折，会有所改观？

所有事：这件事会扩展到我生活中的其他领域吗？还是只是一个独立事件？

举个例子。如果一个具有乐观解读风格的销售员没能拿下一个大客户，他很可能这样想：**不是**我（“可能我没有在最好的状态，但确实有些事在我的可控范围之外”），**不是**总是（“没错，我这次确实没能拿下这个大客户，但不意味着我以后也拿不到”），**不是**所有事（“好吧，我没能做成这单生意，但我仍然是一个好丈夫和好爸爸”）。

对那些具有乐观解读风格的人来说，“我—总是—所有事”的思维方式不仅适用于负面事件，也可以用来解读正面事件。设想这个乐观的销售员在同一天成功做成了5单大生意。他很可能这样想：我（“是我促成了这接二连三的销售成果”），总是（“这些胜利将会一直在我身上发生”），所有事（“我会万事顺利，好事似乎在我生活中无处不在”）。

为什么要用“我—总是—所有事”框架来解读负面事件呢？因为当负面事件发生时，我们很容易陷入反复思考的旋涡——“为什么这样的事总发生在我身上？”我们可以转变想法，思考有没有可能“**不是**我—**不是**总是—**不是**所有事”。相对而言，对于正面事件，为了激发乐观解读风格，请大胆为自己喝彩。发生了一件好事？好吧，那一定是“我—总是—所有事”。

无论发生了好事还是坏事，你都可以戴上探索者的帽子，去发现更多虽然陌生却能赋予你力量的新视角。每件事都会出问题的概率有多大？通常不是百分之百。

通过改变提问方式来改变视角

我们在对数百名客户进行培训的过程中，总结出6种视角，你可以尝试用它们来帮助自己将负面的解读风格转变为更积极的解读风格。

- **未来视角**。20年后的你会怎样看待现在这件事？
- **过去视角**。回顾从前，你曾经成功地走出过类似的困境吗？

- **严重程度视角**。这件事与你曾经面对的其他困境相比，到底有多严重？
- **远距离视角**。如果从3万英尺的高空俯瞰这件事，你能看到什么画面？
- **极端视角**。可能发生的最坏的情况是什么？可能发生的最好的情况是什么？实事求是地讲，最有可能发生的是什么？
- **最好朋友视角**。你最好的朋友会给你什么建议？

我们的一位同事鲍勃与其他三位内部候选人共同竞争区域主管的职位。他认为自己具备人才审查委员会看重的一切经验，并且在小组面试中表现突出。但他并未获得晋升，他开始怀疑自己的能力并来找我们寻求建议。

“我真的很失望，”鲍勃坦诚地说，“我不确定接下来应该做什么。”

“在询问上司你没有获得地区主管这个职位的原因，以及在哪些事情上需要做出改变之前，你需要先从这种失望情绪中走出来，”我们建议，“如果你还希望在其他职位上获得晋升，就要表现出你是一个具有心理弹性的领导者。请戴上你的探索者的帽子，尝试用其他视角看待这件事。20年后你会怎样看待现在这件事？”

鲍勃笑了：“那时的鲍勃可能会说，‘什么地区主管？’”

“他还会说什么呢？”

“他可能会说，‘好吧，虽然你没有获得这份工作，但仍然有其他的机会在等着你’。”

探索其他的视角是为了给我们的思维方式创造弹性，而不是为那些真正有问题的事件找借口。相反，用其他视角看待问题可以把负面事件的影响降到最小，激励我们采取行动。当我们重新构建看待某个挫折或负面事件的方式时，它们看起来就没那么严重了。通过尝试其他更积极的视角，能中和负面能量。

尼多·古贝因对于如何保持心理弹性非常精通。他6岁丧父，17岁来到美国时口袋里只有50美元。现在他是在美国拥有230家连锁面包房的大丰收面包店的董事长，是北卡罗来纳州海波特大学的校长，还是在纽约证券交易所上市的两家公司的董事会成员。他认为，具备心理弹性是重要的生活技能。他虽然很忙碌，但仍然抽出时间为公司的新员工教授名为“领袖生活技能研讨”的必修课程。当遇到困难或做事不顺时，他告诉我们：“你可以失望，但不要泄气。自我怀疑时，就回顾一下从前的经历。”古贝因的意思是，在你以往的生活经历中，很可能遇到过其他的挫折，而你曾经成功地从中走了出来。“对我来说，心理弹性意味着你对自己有信念和自信，而这是以能力和勇气为基础的。一味乐观并不管用。”

和敌人同床共枕

我们可以学习如何做一个有心理弹性的领导者，但有时最难以打败的敌人是我们自己。我们经常陷入混乱的自我对话，这些对话无法给你力量。最后一个工具是，学习终止头脑中破坏性的自我辩论。

3. 赢得和自己的辩论

有时现状看起来可能令人气馁。不过，如果花点儿时间来反思，我们可能会意识到，从前我们也曾面临过其他挑战，并且成功战胜了它们。我们有此类实例和证据。关注这些证据——在某个时期我们战胜了某个挫折或成功完成了一件难以想象的任务——通过收集这样的证据，我们就做好了解决目前困境的心理准备。心理学家把这种举证的技术称为“驳斥”。

“驳斥是积极心理学中所谓认知行为疗法（cognitive behavioral therapy）研究的理论基石。”驳斥的原理是这样的：心理治疗师和治疗对象共同处理一个富有挑战性的事件或负面事件，并检查治疗对象对该事件的反应。例如，如果这位治疗对象离婚了，他本身对此事有什么看法？换句话说，他是如何与自己交谈的？如果他的自我交谈是负面的，例如“我是个彻底的失败者”，治疗师会帮助他从过去的经验中寻找证据来反驳他的负面观念。治疗师可能会问：“请向我描述你生命中曾有的在某件事情上取得成功的经验。”认知行为疗法作为消除心理问题的工具是很有效的，它甚至可以治疗惊恐发作（焦虑症的一种表现形式）。如果认知行为疗法可以帮助人们治疗惊恐发作这样严重的心理问题，可以想见它能为改进人们的日常工作状态带来多大的帮助。

举个例子。假如一个销售员辛苦工作了9个小时却没有做成一单生意，他可能会想："我今天打了20通推销电话，却连一丝成功的迹象都没有。接下来的一个星期太可怕了。我是不是有什么问题？我肯定不适合干这一行。也许是我的沟通能力有问题，要么就是我太没有说服力了。"

如果他对自己怀有这样的信念，那可想而知，在接下来的一个星期里他的业绩会是什么样的。然而，他是可以选择的。他可以陷入负面思维的旋涡，也可以反驳自己的负面观念。驳斥不是把一时的挫折看作可能波及生活各个方面的永久的个人缺陷，而是将其看作雷达显示屏上暂时的波动。用这样的方式看待挫折，能够有效地建立心理弹性。让我们以一位善于使用驳斥技术的推销员的眼光来看待上面的剧情。

"好吧，我今天确实没有出色地完成工作，但我在这方面是新手嘛。我的老板也说她刚开始工作那几个月也是挣扎度日，她需要学习使用交易工具，建立销售网络和客户基础。一些和我一起参加培训的同事也有同样的经历。我记得在上一份工作刚开始的时候我也感觉自己不能胜任，但到最后我成了表现最好的员工。掌握任何技能都需要付出很多努力，多加练习，销售工作当然也不例外。”

请注意观察面对这同一件事两种截然不同的反应。在第二种剧情里，这位销售员不仅回顾了自己过去的经验，还从他的老板和同事的经验中寻找到真实的证据，来反驳他脑海中的负面想法。与第一种剧情里的销售员不同，这位销售员有重整旗鼓的决心，他会继续打更多的销售电话，所以成功的可能性就会增加。

我们的客户卡萝尔经营的生意受经济局势影响，遭受了沉重打击。由于产品滞销，公司不再需要那么多处理订购单的客服人员。她来拜访自己的教练，语气不像往常那般积极乐观。我们很快就了解了原因。

“昨天我迫不得已解雇了5名员工。我痛恨自己这样做。我的员工一定会认为我是个坏领导。也许我就是吧。”这一天卡萝尔大部分时间都在跟自己辩论，她很迷茫。

如果你和我们所了解的许多领导一样，那你一定面临过同样的情景。因为，告诉某个人他失业了是很困难的。然而，你怎样才能继续前进，领导好团队的成员？让我们看看能从卡萝尔的故事中学到什么。

“好吧，所以你认为你是个很糟糕的管理者，”我们回应她，“让我们提供一些相反的证据来驳斥你头脑中的负面自我交谈。现在你把这个句子的后半部分填满：‘我不是一个糟糕的管理者，因为……’”

卡萝尔最初有点儿犹豫：“我不是个糟糕的管理者，因为……我知道我的员工感受到了自我价值。”

我们鼓励卡萝尔继续：“好的，很好。告诉我更多的证据，来证明你为什么不是一个糟糕的管理者。”

“我们的公司遭到了重创，为了挽救 100 个工作岗位，我不得不解雇 5 名员工。如果不维持自身的竞争力，我们的所有工作都会被外包出去。”

卡萝尔开始在与自己的争辩中取胜。我们帮助她用相反的证据，赶走了头脑中自我挫败的杂念。你也可以照着做。

帮助员工走出负面情绪

也许你本人很善于从失望情绪中走出来，但如果你的情况与我们的许多客户相似，那么你可以采纳一些建议来帮助自己的团队。要培养你的员工，而不是管理或控制他们。让我们把本章的三个建议综合起来，运用在团队建设中。

上个月，卡萝尔销售团队中的一名员工塞吉欧被客户拒绝了好多次。仅仅上一周里，就有7个潜在客户对塞吉欧说他们目前对某产品没有兴趣，也没有采购预算。塞吉欧感觉自己很失败，害怕自己会遭解雇。卡萝尔觉得塞吉欧可能会辞职，于是她问了塞吉欧几个问题，来激发他的学习性思维："塞吉欧，让我们来看看能从这些失败中学到什么，来帮助你提升未来的销售技巧。"

接着，卡萝尔训练塞吉欧"戴上探索者的帽子"，并让他尝试用不同的视角来看这个问题："好吧，这7个潜在客户的流失属于沉没成本，但这不至于让我们的生意无法继续进行下去。许多公司的预算周期就要开始了，我们能做些什么其他努力来增加销售额呢？"

最后，卡罗尔拿出了事实证据来证明塞吉欧不是一个糟糕的销售员："塞吉欧，你是我们最好的销售员之一。在过去的一年里，你多次完成销售任务，甚至有好几次都超额完成了任务。你现在只不过是在经历一个困难时期——欢迎你继续迎接新的挑战。"

关键点总结

我们都会时不时地经历挫折，这就是生活。但我们能多快地从失望情绪和负面事件中恢复，决定了我们的人生会多成功、快乐和充实。这种恢复能力也能区分平庸领导者和卓越领导者。关键不在于你做了多少事，而在于你是如何思考的。不要为一次负面事件懊悔不已，或者因为惧怕失败而羞于面对重大挑战，尝试下面三种方式来培养你的心理弹性。

- **不要放弃，只需要放弃做专家。**聚焦于你可以从下一个挑战中学到什么。当我们把富有挑战性的任务看作学习的机会时，我们会更加努力。
- **戴上探索者的帽子。**对某种境遇最初的印象可能并不能准确地反映现实情况，特别是当我们戴上恐惧、压力或不确定性的有色眼镜时。努力用其他的视角来拓展你的视野。

- **赢得和自己的辩论。**面对令人气馁的情景时，要记得你在过去曾经跨越过许多困难。用相反的证据取代头脑中的负面噪声。

请记住，我们并不是建议你假装问题或挫折不存在。对面前的现状承担起责任是很重要的，但我们建议你改变内在的自我对话。在你和你的雇员身上练习这些方法，让你的自我对话变得更鼓舞人心，让自己更快地从失望情绪中走出来。这三个工具会时不时给你带来心理上的鞭策，这是我们都需要的。记住：你的雇员都对你寄予了厚望。

需要思考的问题

读完本章以后，问自己下面这些问题：

1. 要成为一个有心理弹性的领导者，我在哪些方面已经做对了？

2. 何时采用学习性思维方式能为我自己或团队成员带来好处？

3. 哪个雇员难以从失败或负面事件中走出来，我应怎样帮助他？

4. 我自己持有哪些负面信念（例如“我不擅长……”）？相反的证据是什么？

5. 我可以做的增强心理弹性的最小的改变是什么？

第三章
有感染力的领导者：
控制你的情绪，而不是你的雇员

乔治每天上午 7 点 45 分准时到达办公室。他的两名雇员雷切尔和迈克会在 7 点 15 分到办公室，这样他们可以有时间喝杯咖啡，处理一下邮件，为一天的工作做好准备。7 点 45 分时他们会坐在办公桌前看着乔治走进办公室。对此，他们私下开玩笑说：

“我们可以根据乔治每天走进办公室时的状态判断这一天会怎么样。如果他笑着走进来并对我们说‘早上好’，我们就知道这一天会很不错，于是我们就可以安心工作了。如果他垂头丧气，连招呼都不打，我们就知道这一天会很糟糕，而且必须准备随叫随到。同事们8点钟到达办公室时，他们会在我俩的办公桌前停一停，向我们打听，‘今天怎么样？’相信我，他们绝不是在谈论天气。”

在你的职业生涯中，某段时期你也可能在为乔治这样用个人情绪荼毒员工的上司工作。他可能会当众羞辱你，死命地抠你的小毛病，在工作出了问题时对你冷嘲热讽，或者像个吝啬鬼那样剥夺你所有的工作乐趣。

很可能你因为无法忍受这样的上司，已经“炒了他的鱿鱼”，换到另一个部门或者干脆另找了一份工作。如果你在乔治身上看到了一丝自己的习性，或者他让你想起某个认识的人，请继续读下去。

像乔治这样荼毒员工或伤害员工感情的管理者之所以能被长期容忍，原因有三：我们高估了企业管理者的技术能力而忽略了管理情绪的能力；我们低估了这类人的负面影响；我们害怕直接说出真相。

我们高估了技术能力而忽略了管理情绪的能力。许多公司的决策者过度重视管理者的技术能力，认为某个管理者是不可或缺的，我们称之为“但他确实很聪明”综合征。

虽然技术能力是重要的，但我们经常低估了管理者管理情绪能力的重要性。一项针对强生公司358名管理者的研究发现，那些表现最优秀的管理者在诸如自我觉察、自我管理、社交技能等情绪管理能力上有突出的优势。

我们低估了这类人的负面影响。缺乏情绪管理能力的管理者，有时甚至包括人力资源管理部门，都没有意识到，或是选择性忽视给员工带来的负面影响。在同一部门频繁出现的员工辞职事件被看作孤立的意外事件。只要用个人情绪荼毒员工的管理者能继续完成业绩，不管他采取什么样的手段，都仍会被留任。

我们害怕直接说出真相。用个人情绪荼毒员工的管理者是制造恐惧氛围的专家，在这种氛围里，为他工作的员工不敢说实话。设想如果这类管理者恰好是企业的拥有者，一个员工能想到的唯一选择就是辞职。

在这一章里，我们为用个人情绪荼毒员工的管理者提供了另外的选择，即做一个有感染力的管理者。我们会分享一些事实经验，向你展示你的正面或负面情绪，是如何影响员工工作效率的。如果需要的话，你能学到简单易行的实证技术来中和负面情绪。我们也会向你展示如何管理控制狂倾向。有这种倾向的人很多，它会对你和你团队的工作效率造成负面影响。

1. 认识喷嚏效应

细菌和感冒病毒并不是唯一在工作场所传染的事物。我们的情绪，无论是积极的还是消极的，一样富有传染能力。你是否有过这样的经验：走进某个办公室或会议室，你能感觉到四处弥漫着紧张情绪，以致你自己也变得很紧张？这种情绪在人与人之间互相感染的现象被心理学家称为“社会感染”。我们把它叫作“喷嚏效应”。下面我们来讲一讲喷嚏效应是如何发挥作用的。

人类天生就有模仿他人面部表情和情绪的能力。宾夕法尼亚大学沃顿商学院的西加尔·巴萨德教授认为，我们能在无意识的情况下吸收好情绪和坏情绪。巴萨德研究了这一连锁效应，他发现，5个人中，一个人的正面情绪或负面情绪就可以影响到其余4个人。与此类似，有研究发现，情绪好的银行柜员能够感染他们的客户，带来更高的客户满意率。

在另一项研究中，研究者在一家咖啡店里观察了店员与顾客的200多次服务互动。他们了解到了什么？根据店员的微笑程度能够预测出顾客的微笑程度（其影响力远大于顾客进入店铺时的情绪）。当顾客稍后为他们得到的服务的满意度打分时，那些笑容越多的店员获得的分数也越高。事实上，神经科学家指出，人类大脑中的镜像神经元能够模仿他人的面部表情。你有没有注意过，当你对一个婴儿微笑的时候，婴儿也会对你微笑？对成年人来说也是如此。

领导者的感染力更强

喷嚏效应中还有一点重要的内容：职位越高的人越可能把他们的情绪传递给职位较低的人，反过来，后者对前者却没有这样的影响力。你可以把坏情绪想象成感冒病毒，感冒的时候你一定很不舒服，效率也会受到影响。再想想好情绪的感染力，想想一个让人捧腹的视频是如何像病毒一样快速扩散的。

研究者也发现，一个领导者的正面或负面情绪可以在短短7分钟内扩散出去，影响一个团队的表现。一项研究中，每个团队被要求在蒙上眼睛的情况下15分钟内搭好一个帐篷。团队领导者被告知如何搭建帐篷之后需要分别观看一段视频。有些领导者看了戴维·莱特曼（著名脱口秀主持人）的视频后情绪变得积极，而另一些领导者在看了一段关于社会不公的视频后产生了消极情绪。结果怎么样？即使团队成员在接受指挥时看不见领导者的表情，他们仍然能感受到领导者的情绪（无论是积极的还是消极的）。另外，观察人员报告说，拥有积极情绪的领导者所领导的团队表现出了更好的团队合作能力。

好吧，所以说情绪是有感染力的。那又怎样呢？搭帐篷时表现出的团队合作能力是一回事，在工作场合的表现又如何呢？一项针对53名领导着4~9名员工的销售经理的调查表明，那些情绪更加积极的领导者手下的员工销售业绩更好。

不幸的是，领导者的恶劣情绪也有同样的感染力。辛迪·比奇洛是百杰乐茶业的总裁，她这样总结道："领导者无法承担负面情绪造成的高昂损失。"比奇洛认识到，领导者必须创造业绩，推动公司前进，但她强调，真正重要的是"如何"达到这一目标。她说："你若是真诚的……就会从他人身上获益良多……你犯了错误，必须勇于承认。你需要别人帮助，也要勇于承认。知之为知之，不知为不知。当你真诚面对自己的时候，别人也会愿意帮助你……”

我们的客户戴维跟我们分享了他在一次360度考核报告中收到的匿名反馈。这份匿名反馈与比奇洛关于拥有积极情绪的领导者的评价几乎完全吻合：“戴维富有激情，对我们的事业充满信念。这样的激情很有感染力，让所有人觉得我们从事的事业是有价值的。这是一种非常宝贵的品质。”

如何公布坏消息

作为公司领导，我们有时需要公布一些坏消息，比如糟糕的季度业绩、损失了一位重要客户、裁员，或一个项目的意外延期。这些消息常常会让人感到沮丧，却正是我们需要发挥创造力的地方。一位领导者该怎么做？

在公布坏消息之前，你需要收集与之相关的全部信息，然后像撕掉一个创可贴那样一次性公布完毕。你丢了东西，比如说丢了房子钥匙时，心情如何？很糟糕，对吗？而当你又找到，比如说房子的备用钥匙时，又是什么心情呢？

也许这是件好事，但研究者发现，好消息对人的影响力往往不如坏消息的影响力大。事实情况是，你和我们所有人一样，都会受到前景理论的影响。

前景理论是行为经济学中一个很有意思的概念。这个理论认为，损失给人们带来的痛苦比获益给人们带来的喜悦更强烈。正因为这样，你可以在一天或一周的时间里一点一点地不断公布好消息。至于坏消息，则要在第一时间一次性全部公布，长痛不如短痛。

贾森·弗里德是37signals公司的首席执行官，他深谙这一心理动力对人的影响。37signals公司是一家创新型公司，为个人和小公司开发软件工具。弗里德说："当有坏消息时，第一时间全部公开它。至于好消息，则应该一点一点地慢慢公开。如果能尽量留住正面的氛围，那就这样做。"

2. 必要时把自己训练成奥斯卡演员

读到这儿，你可能会误以为我们希望你无论遇到什么事都能保持好情绪。不是这样的。我们都很熟悉商业运作中会遇到的困难：不得已解雇优秀员工，损失了大客户，错过了报价或投标的截止日期等。面对诸如此类的负面事件时，我们会感到失望、愤怒或挫败，这是人之常情。

问题在于，我们大多数人从来没有接受过如何快速从坏情绪中走出来的训练。如果你参加过高中或大学里的运动队，那你也许会幸运地得到教练的指导，教你如何“摆脱负担”。也可能你的妈妈告诉过你：“无论什么事，都会过去的。”但是，如果你告诉我们，你曾将学习如何管理自己的情绪纳入领导者或管理者的培训课程，我们会感到非常惊讶。你学过如何通过制定绩效标准来提高员工的工作效率，这听上去反而可信度更高。令人吃惊的是，研究者发现，一个人工作效率的高低也许与他脸上出现的愁容和笑容的次数有关。

核磁共振、深呼吸、拔掉“虎牙”和弄假成真，有什么共同之处

有 4 种演示技术可以让你从负面情绪中走出来，每种技术都不用花费太多时间或金钱。

第一种是“标记自己的情绪”。如果你曾经做过核磁共振，你就了解压力会给身体带来什么影响。这个过程被描述为没有痛苦，但被困在一个下水道般黑暗的隧道里，被震耳欲聋的重击声包围，虽然没有疼痛，但那种感觉糟透了。在扫描仪内保持不动，这几秒钟或几分钟，会让你感觉度日如年。然而，高速发展的神经科学领域的研究发现，比起把感受藏在心里，病人告诉技术人员他们的感觉，比如“我很紧张”，负面情绪会消散得更快。下次当你发现自己陷入一种糟糕的情绪里时，试着给它贴个标签，注意会发生什么。正是这个为你经历的感觉命名的举动把负面情绪降到了最小。

走出坏情绪的第二种方法是做深呼吸。研究者发现，节奏缓慢的呼吸能迅速让人平静下来，更快地从每天的压力中恢复活力。

摆脱负面情绪的第三种方法是拔掉你的“虎牙”。当我们被困在负面的精神状态中时，最糟糕的是一直坐在办公桌前，或者把坏情绪发泄到下一个走进办公室的人身上。我们经常教客户用“散步和交谈”的方法来释放心中的“那股气”，这能让他们集中注意力，思考真正重要的是什么。你可以试试，当你离开办公桌，在办公室中或者在办公楼的走廊里走走时，会发生什么变化。如果你可以到外面走走会更好。身处大自然当中也能够减轻我们的压力。

如果这些方法都不管用，你可以尝试一下被心理学家称为“躯体化”的技术。我们把它叫作“弄假成真”。躯体化技术是通过让身体处于某种姿态来改变心理状态的方法。例如，当你挺胸抬头，双脚距离与臀部同宽，坚定地站立在地上时，你会感觉更有力量。关于躯体化最有名的也是最早的研究是钢笔微笑试验。研究者以研究肌肉协调能力为名，让参与者用嘴咬住钢笔。其中一组参与者被要求用牙齿咬住钢笔，这样做时嘴巴的形态很像微笑时的样子。第二组参与者被要求用嘴唇咬住钢笔，这种情况下，参与者很难笑出来。第三组参与者被要求用非惯用手拿住钢笔。

在保持钢笔不动的过程中，三组参与者都读了4部名为《远端》（*The Far Side*）的漫画，之后研究者询问他们觉得漫画是否有趣。那些用牙齿咬住钢笔的参与者（他们无意识地活动了笑肌）比用非惯用手拿钢笔的参与者觉得漫画更有趣，用非惯用手拿钢笔的参与者又比那些用嘴唇咬住钢笔（所以笑不出来）的参与者觉得漫画更有趣。妈妈们如果知道她们经常挂在嘴上的明智建议“笑一笑”

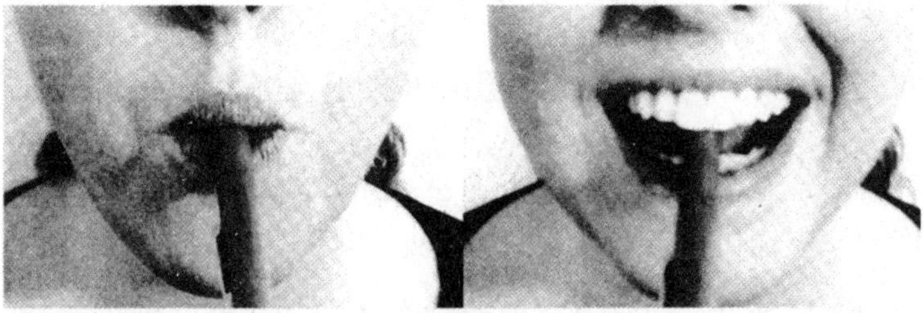

钢笔微笑试验：嘴唇握笔和牙齿握笔

如今有了科学依据，一定会很高兴。

有时你也需要通过“弄假”来“成真”。你可以在真心想笑之前，让身体处于一种看起来很强大的姿势，面带微笑。这些简单的躯体动作真的能让你从沮丧情绪中走出来，让你的精神状态变得更积极。另外，如果你想让某人迅速从负面情绪中走出来，不要忘记幽默的力量。正如我们宾夕法尼亚大学的同学、喜剧演员雅科夫·斯米诺夫所说：“我想这不是科学，而是常识。如果你能让某个人笑起来，他就会轻松很多。”

只是注意

在你走进办公室开始工作之前，注意你的情绪。如果你的情绪不错，那很好，坐下工作，传播这种情绪。但是有些时候你可能会感觉到紧张、恼火或是不耐烦，就像这一章开头我们提到过的那位客户乔治一样。

我们见乔治的时候得知他的妻子最近失业了。他的脑子里念头飞转："在这样的经济环境下，我妻子怎样才能找到一份工作？我们怎样才能筹到儿子的大学学费？只靠我一个人的收入我们怎么生活下去呢？"乔治感到焦虑、愤怒和害怕——在这种境遇下，我们很理解他这种情绪。

但乔治还领导着一个团队。我们向他解释了喷嚏效应，告诉他如果他让自己的糟糕情绪影响了团队成员的工作效率，其代价将是他无法承受的。乔治是个聪明人。他理解了我们的意思，并开始练习我们教给他的 4 种方法，开始了他的"奥斯卡之路"。

然而，几个星期后，乔治来找我们做辅导回访时，情绪有些恼怒。"有时候让自己从负面情绪里出来简直是不可能的。"他说。

乔治继续解释，就在昨天，他跟上司有过一次可怕的通话。他的上司认为他在与投资人的季度电话会议中表现差劲，对他进行了言语攻击。这通电话结束时，乔治还有 5

分钟时间就要开这一周的员工会议了。

“在走去会议室的路上，我努力做了几个深呼吸，但仍然不能摆脱糟糕的情绪。”乔治说。步入会议室的时候，他注意到大家友好的玩笑戛然而止。“我猜想他们读出了我的身体语言，知道发生了一些事，而且是不好的事。他们很可能认为我会公布一些解雇员工的消息或者其他坏消息。”

“听起来好像会议室中的每个人都紧张不安，看起来他们接收到了你的情绪，乔治。接下来你是怎么做的？”我们问他。

“我决定直接面对他们。我告诉他们我有些烦心事，但如果执行原定会议议程，可以帮助我回到工作常态。猜猜发生了什么？事实确实如此。”乔治连想都没想就标记了自己的情绪。

负面情绪是无法避免的，但成功的领导者知道如何快速从负面情绪中走出来，这样他们就不会给员工或自己的工作效率带来负面影响。你已经知道了该做些什么，但要做一位积极的、有感染力的领导者，还需要注意一件事，那就是：绝对不要做控制狂。

3. 不要做控制狂

我们的客户萨拉领导着一个新的供应商网络，她签下了一个相当大的客户。我们想知道她是如何解释这次成功的。“你认为你的成功是因为工作努力或说服力强吗？”我们问，“还是因为经济形势开始向好？”

“在过去的三个月里，为了拿下这个客户，我和我的团队真的是很努力。就在最后一次给客户做产品展示之前，猜猜我们做了什么？我们针对所能想到的每一个有可能的异议都做了预演，”萨拉回答说，“季度第一我们志在必得。”她信心满满。

心理学家可以根据人们的内外控倾向读出这样的信念。萨拉有强烈的内控倾向。她相信在拿下大客户这件事上，自己做出了直接贡献，而且可以掌控未来的结果。如果萨拉把这次成功归因于向好的经济形势，我们可以说她有强烈的外控倾向。我们认为内外控倾向都具有连续性。请想一想，当某些好事发生时，你通常是何种倾向？

请再想一想，你的团队成员是何种倾向？我们认为，如果你的员工具有较强的内控倾向，他们在工作中会更有活力和力量。关于控制点理论，超过30年的研究反复表明，员工在工作中的掌控感与其工作表现、努力程度、工作动力和满意度之间存在很大的联系。另外，研究者发现，较强的掌控感可以缓解人们在工作中承受的巨大压力。

不过，阻碍员工获得对工作掌控感的人往往是他们的管理者。20多年前，管理者的角色被描述为要做这三件事：计划、组织和控制。对于很多控制狂而言，控制意味着可以对员工进行微观管理。如今我们已经意识到，给予员工更多工作上的掌控感，他们的工作效率会更高。

控制狂领导给员工带来的不良影响

- 员工不再主动，只会被动等待指示。
- 员工不再承担风险。
- 员工在接到工作指示之前无所事事。

给予员工掌控权的好处

- 员工会主动寻找改进工作表现的方法。
- 员工愿意承担可估量的风险。
- 即使你不在场，员工也会继续工作。

你可能很熟悉这句商业箴言“执行，授权，拖延，或放弃”。你的待办清单上的每件事都可以归为其中一种。不幸的是，即使我们知道授权是控制自己的工作负荷并使他人得到发展机会的有效方法，许多管理者仍然难以做到。你可能已经意识到了，如果你在工作中有控制狂倾向，这种倾向在家庭中也会有所体现。

对于许多公司领导者而言，放弃控制权或允许事态自行发展很困难。我们的客户蒂姆就面临这样的问题。29 岁时，蒂姆已经是一家年收入 7 000 万美元的公司的掌舵人。他获得这个职位的原因是他展现了出色的领导能力，并创造了很好的业绩。蒂姆喜欢掌控一切，但他明白自己应该从杂务中抽身，在一些抢手的项目上放权，这样他才能真正领导公司。

如果一个员工看起来不在状态，首先检查你自己的行为

另一些公司领导者之所以难以放权，是因为他们是完美主义者，而我们知道完美主义是高效的大敌（见第一章）。

“如果你想准确无误地完成某件事，你必须亲力亲为。”

我们的客户米亚说。她经营着一家大型设计公司。

然而，她坚持的做事原则已经给她造成了很大损失。他们经常错过最后期限，产品质量也开始下滑。她寻求我们辅导的原因是，员工的表现让她感到很受挫。“他们根本不会主动。看看他们做的事情吧。”她边说边翻看办公桌上一个红色封面的幻灯片演示文稿。

会见过她的员工以后，我们不得不向她公布残酷的现实：“他们停止采取主动是因为他们知道不管做了什么，你永远觉得不够好，因为他们没有完全按照你预想的方式做事。”

米亚并不买账。“我喜欢他们按照我的方式做事，不然他们为什么被叫作下级呢？”

“让员工遵照你的方式做事可能满足了你的完美主义，但时间久了，优秀的员工会变得无所事事，更糟糕的是，他们可能会离开你的公司，去竞争对手那里工作。”我们说。

“事实上，我注意到一个员工，贾森，看起来就不在状态。我最初雇用他的时候，觉得他颇有潜力。但现在只要我对他提出要求，他都说‘老板，按你的要求来’。他只做我要求他做的事，很少再采取主动。我对此困惑不解。”米亚说着，沉重地靠在椅背上。

我们让米亚自我反省，想想贾森的消极表现与她有什么关系。米亚恍然大悟。正是她的控制狂倾向，导致员工表现出了这种令她憎恶的行为。

我们离开她时还给了她一个忠告："顺便说一下，把你那支红笔扔掉。它会让人们想起可恶的英文老师。"

下次当你发现自己处于类似的情境中时，可以像米亚这样，跟员工谈一谈，看看你能改进些什么。

"我注意到，你好像不像以前那样享受工作了，"米亚在接下来和贾森的单独会面中说，"也许我对你管得太细了。我可以在哪方面做些改变呢？"

"可以试着只规定完成任务的截止日期，请你相信，我会拿出最好的想法，如果我需要帮助的话会主动找你的。"贾森回答说。

米亚同意了贾森的请求："好的，那我就把这项任务交给你了，我要的结果已经写在任务书上了。至于如何完成，那就看你了。我相信如果你需要帮助的话会来找我的。"

在结束谈话之前，米亚希望贾森给自己一些帮助。冰冻三尺，非一日之寒，她知道自己长期形成的事无巨细的管理习惯不会在短短一周或是一个月内彻底改变。她需要获得员工的实时反馈，这样她就不会重新陷入从前的坏习惯。

“如果我又开始试图掌控一切，你能不能用一个词或短语来提醒我呢？”

“用‘别做控制狂’来提醒你如何？”贾森笑着说。

如果你自己找不到提醒自己放手的词，那就问问你的员工。你会很惊讶地发现，有那么多任务和项目是可以授权给他们去做的。

可能你认为管理得越细，能做的事就越多，但这样做的结果往往事与愿违。员工在对自己的工作有一定掌控感的时候才能处于最佳工作状态。管理者只需要给予员工必要的培训和辅导，然后放手让他们自己去做。如此一来，员工就会用自己的方式来完成工作。

关键点总结

你对员工工作效率的影响比你意识到的更大。从你走进办公室那一刻开始，你的情绪就开始发挥影响力。作为管理者，你的情绪比员工的情绪更有感染力，所以你需要意识到自己正在传递什么样的情绪。用正面情绪感染你的部门、团队，别让你的负面情绪肆意爆发。下面是你需要特别注意的事。

- **认识喷嚏效应。**记住你的情绪是有感染力的。长时间停留在负面情绪中，会给你自己和员工的工作效率带来负面影响。你难以负担如此高昂的代价。
- **必要时把自己训练成奥斯卡演员。**我们一厢情愿地希望永远停留在正面情绪里，但这种可能性很小。当你发现自己处在一种糟糕的情绪里时，有一系列经过实证的有效技术可以帮助你走出来：标记你的情绪，做几个深呼吸，拔掉你的“虎牙”。如果这些方法都不管用，你可以尝试“弄假成真”的躯体化方法。
- **不要做控制狂。**如果你的控制狂倾向给自己带来了苦恼，你和团队的绩效都会受到不良影响。相反，把工作授权给员工能让他们的工作状态更好。

需要思考的问题

读完本章，可以思考下面这些问题：

1.要做一个在情绪上有积极感染力的领导者，我在哪些方面做的是对的？

2.什么样的情境容易激发我的负面情绪，我该如何化解负面情绪？

3.把自己训练成奥斯卡演员的4种技术，哪一种对我来说最好用？

4.如果我想知道别人如何看待我，谁能给我可信任的反馈？

5.在什么情况下我倾向于微观管理？如何改变这种倾向？

6.为了更好地管理情绪，创造一个更积极、更有效率的工作环境，我能做的最小的改变是什么？

第四章
从优势出发的领导者：将正确做法发扬光大

现在你已经知道如何做一个高效的、有心理弹性和有感染力的领导者。要做一名成功的领导者，你必须再培养一种特质。视野？不是。创新力？也不是。人格魅力？压根儿不沾边。我们把这种特质称为“从优势出发”。

如果你是一位桥梁设计师，为了设计出最好的桥梁，你会研究那些倒塌了的桥梁还是那些经历了时光考验依然屹立的桥梁？这两种桥你可能都会研究。然而，我们经常只关注那些倒塌的桥梁。

与此类似的是，领导者经常研究那些出问题的事情，试图亡羊补牢。反之，从优势出发的领导者会把更多精力放在那些进展顺利的事情上，然后把成功经验复制到其他领域。从优势出发的领导者并不忽视存在的问题，他们认识到：解决问题、改正缺点只是达成目标的一部分。

从优势出发的领导者也会把注意力更多地放在人们做得好的事情（他们的优势）上，而不会聚焦于他们没做好的事情（他们的弱点）上。

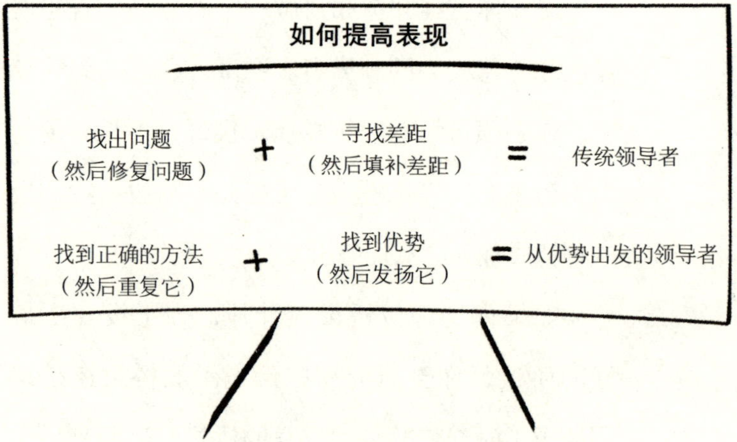

传统领导者vs从优势出发的领导者

听起来可能很简单，然而，真正要做一个从优势出发的领导者需要面对4个障碍：我们讨厌管理别人，我们喜欢解决问题，我们把员工当成问题来看待，我们的大脑总是对负面问题做出反应。

我们讨厌管理别人。好吧，也许说不上讨厌，但是我们中的某些人真的不喜欢管理别人。为什么？因为许多人是在本职工作中表现出色而被推到管理者的位置上的。我们可能是最优秀的销售员、最优秀的技术员，或者最优秀的分析师。虽然管理岗位并不能让我们发挥自己的优势，也没有满足我们真正的渴望，但我们仍然因为更高报酬、更多津贴和更大声誉的诱惑而接受了管理者的角色。实际的结果是，做一名管理者让我们远离了自己原本享受的工作。一个有勇气的人会对自己和老板承认，回到那个让自己最有满足感的工作岗位上会让他更快乐。

我们喜欢解决问题。“我的角色是分析问题，然后找到解决方案。”我们的一位女性客户说，她管理着一个测试人员团队。“老板付给我薪水，难道不是让我做这些事吗？”

我们把员工当成问题来看待。虽然解决问题是许多职场角色的首要焦点，但是，如果把解决问题的思维方式延伸到对待员工的方式上就有问题了。有些人同意这样的观点：员工必须被“修理”，被鞭策，或是需要每分钟都处于监控之下，这样他们才能有好的表现。

我们的大脑总是对负面问题做出反应。即使我们热衷于管理别人，不把工作单纯地看成不断解决问题，要做一个从优势出发的领导者，还面临着别的挑战。有些研究者主张，我们之所以更多地聚焦在错误的事情而不是正确的事情上，可以从进化论的角度来解释。人类早期为了生存，必须把目光盯在那些有危险的事物而不是美丽的夕阳上。鲍迈斯特和他的同事在他们发表在学术期刊上的文章《坏的比好的更强大》（*Bad Is Stronger Than Good*）中把这种现象称为“消极偏见”。人们对于钱包里丢了20美元的反应比在大街上捡到20美元的反应要强烈得多。比起受到恭维，人们会对从朋友那里得到的负面反馈反复思虑更长时间。如果顾客对一家公司的体验是负面的，每个顾客会把他的负面体验平均告诉13个人。相反，如果顾客得到了一流的服务，平均下来，每个顾客只会告诉5个人。

放大负面事件

你倾向于关注什么：

- 绩效评估或者360度反馈结果，你会关注哪部分内容？你是否会略过对你的优势的评估或反馈，直接去看你的缺点或有待进步的地方？

- 收到员工调查结果时，你会关注什么？你是否会跳过没问题的部分，直接去看最后10%有问题的部分？

想知道从优势出发的领导方法是否适合你的领导风格？你可以在附录B或我们的网站ProfitFromThePositive.com“从优势出发的领导方法是否合适我？”的测试中做一下快速的管理者自我评估。

也许你早就开始运用从优势出发的领导方法，在本书中，也许你学到了更多东西。也可能对你而言，用从优势出发的视角来看待领导者的角色是一个重大的模式转变。且不考虑这种转变对你来说自然与否，本章中，我们将向你展示，如何通过发掘公司内部的优势来武装你解决问题的“军械库”。我们也会告诉你，只要你学会应对坏消息的正确方式，就能使团队的表现提高40个百分点。最后，我们会给你一个只需要三分钟的免费方法，让你发现自己的优势所在，这样你就能在公司里起到示范作用。

1. 不要再问错误的问题

大部分人都会习惯性地去研究出问题的地方。我们学习如何分析问题，找出根本原因，通过头脑风暴寻找可能的解决方案，然后执行解决问题的最佳方法。这种解决问题的模式，也是大多数咨询公司的工作传统。我们通过解决一个接一个的问题来改进结果。这对公司来说是当务之急，在这方面大家都做得很好。可是，即使这种方法有用，还有另一种能够改进结果的方法经常被我们忽视。

我们没有用同样严谨的态度去研究和发扬那些已经做对的事情。设想你在某个部门、场所或地区获得了空前成功，就要思考成功背后有什么特别的因素，这样你就可以在其他领域复制同样的做法。我们经常在研究竞争对手时运用这样的策略，但我们没有把这种“什么样的做法管用”的分析方法运用到公司内部。即使我们这样做，在努力推广正确的做法时，也经常会遇到阻力。我们称之为“那种做法在这里不管用”综合征。

纽约大学心理学教授托里·希金斯和他的同事发现，人们的精神状态往往不外乎两种：要么处于渴望结果的兴奋感中，要么处于避免出现某种不想要的结果的警惕当中。这种警惕心态对于保持现状和避免风险是很有用的。然而，如果像大部分公司一样，要完成具有挑战性的目标，你可能需要大多数员工处于一种兴奋、进取的工作状态。希金斯和他的同事发现，当人们聚焦于自己的理想和抱负，不断提醒自己去实现的时候，他们会更有动力做出改变，采取行动。比起不断评估问题，防患于未然，你在期待获得卓越的成果时，更可能做出改变。

做一个聪明的模仿者

为什么某个地区、某个团队或某个人的表现更加出色？分享这些成功的故事，然后把成功经验复制到其他领域。

做一个善于挖掘的“矿工”：将正确做法发扬光大的提问

发掘你的公司、团队或部门内部的正确做法：

- 这个变化或改进在哪里执行得最好？我们可以从中学习到什么来应用到其他领域？
- 这个员工身上的什么品质让他在这个职位上获得了成功？
- 为什么这个团队或岗位的表现持续超出预期？

这就是丰田和通用汽车的合资公司NUMMI（New United Motor Manufacturing Inc.，新联合发动机制造公司）用来改善自身的做法。NUMMI原本是同在一栋大楼里的两家公司。其中一家制造丰田塔科马皮卡，另一家制造丰田卡罗拉和庞蒂亚克 Vibe。许多年来，前者的表现一直胜过后者。后者的一名前雇员告诉我们：“一天，我们的生产副总裁决定让轿车公司的经理去观察皮卡公司经理和他们的团队成员的工作状态，了解他们表现出色的原因。”这个副总裁说：“为什么我们要把轿车公司的员工送到远在肯塔基州或加拿大的丰田轿车制造基地去呢？他们完全可以就在这里观察本基地的皮卡制造部门。”

你的公司越大，分区、部门和团队之间越有可能存在疆界和壁垒。为什么？这是因为随着公司的成长，我们往往会安排员工进入分工明确的部门，以便提高工作效率。如果你希望打破这些人为造成的壁垒，你可以找出正确的做法，将其运用到自己的工作中。

成功故事

我们曾经帮助过一位客户设计全美销售会议。在会议开始前两周，我们向该领域的参与者征求了成功故事。我们请参与者给我们发送一封邮件，描述最近发生的一件正面事件，或者描述他们认可的一个人。参与者来自 10 个不同地区。一周后，我们只收到了来自其中 4 个地区的回复。由于参与者都是销售人员，所以我们知道，只需要一点儿竞争氛围就可以激励他们行动起来。我们发送了一封提醒邮件，说明会对最佳故事给予奖励。很快，大量故事涌入了我们的邮箱。

会议委员会选择了其中 8 个故事，在两天的会议日程中读给大家听。他们打电话通知优胜者，他们的故事入选了。我们把其余的成功故事打印成海报，在会议开始前夕，把它们张贴在会堂走廊上。我们称之为“荣誉殿堂”。参加会议的销售人员在第二天早上走进来时，都被这些故事震撼了。这不是一次老掉牙的销售会议。

“展翅高飞”（SOAR），而不要“埋头苦读”（SWOT）

你可以将从优势出发的管理方法运用到你的商业计划中。下次与团队成员讨论发展战略或计划时，请打破传统的SWOT分析方法：strengths（优势），weaknesses（弱点），opportunities（机会），threats（威胁）。取而代之，引用SOAR分析方法：strengths（优势），opportunities（机会），aspirations（愿景），results（成果）。

我们的一位客户艾丽要召开每年一度的秋季规划会议，有超过75名来自全美各个服务中心的管理者参会。我们建议她把SOAR分析方法运用到这次会议中。“我们分组讨论，希望能从之前的战略讨论中挖掘出有意义的内涵，”艾丽回忆说，“我们把SOAR分析方法当作一种思维范式。”

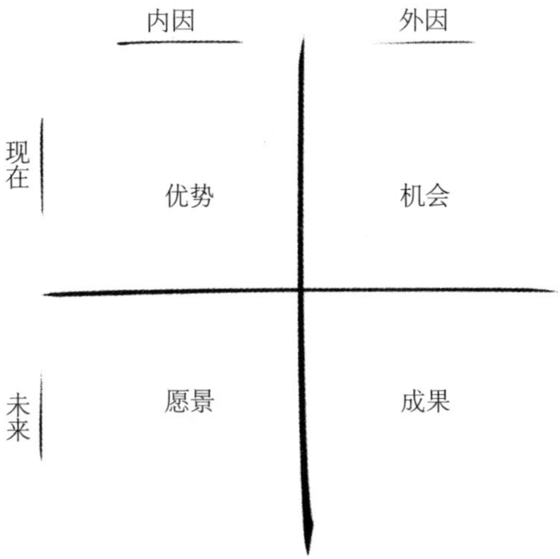

SOAR 分析方法

结果怎么样呢？“当我们运用SOAR分析方法询问任务执行情况时，一系列主题浮现出来，”艾丽解释说，“在‘优势’象限，有我们富有才华的人才团队、我们在代理商心目中的品牌效应和我们专业的财务规范。在‘机会’象限，有自助服务能力、改善公司网站和对客户群体进行分析。”

“最让你感到吃惊的是哪个象限，艾丽？”我们问。

“‘愿景’象限吧。之前我们从来没有真正讨论过愿景。在这个象限，我们注意到了‘建立品牌’这个愿景，这意味着要让我们的品牌获得生命力，要让每一位客户都能真正获得人性化的互动体验。”

“关于‘成果’象限的讨论如何？”我们问。

“这一部分讨论很有建设性，”她回答说，“我们的同事对此很感兴趣，我们集中讨论了如何使公司在不增加花费的同时获得更多成长。在SOAR分析方法中，我们也意识到，虽然在代理商那里我们的品牌够硬，但我们希望建立的是一个在全社会都有影响力的强大品牌。”

在SWOT分析方法中，我们看到的“弱点”的反面恰好是可发掘的优势，而“威胁”的背后恰好是潜在的机遇。请让你的团队成员进入一种更积极、更有力量的讨论：他们有什么愿景，渴望达成什么样的目标。

你可能会认为SOAR分析方法忽略了负面因素。事实并非如此。在SOAR分析方法中，弱点和威胁得到了充分讨论，并在“机会”象限的讨论中被重构。例如，在艾丽的公司中，企业网站多年没有更新，也没有对客户群体进行分析，并发挥分析结果的作用，但是这几点，她的竞争对手已经全部做到了。这些是明显的弱点，甚至称得上是威胁。但是在SOAR分析讨论中它们被重新构建为机会，这让人们变得更有动力——不要放弃，而要给他们以鼓励。

绝大多数项目总结会议是在亡羊补牢

当我们刚开始与一家大型保险公司IT（信息技术）部门的领导团队合作时，我们请他们分享提升业绩的方法。“我们每周都会开项目总结会议。”这是他们的答案。

我们很好奇：“你们是怎么开会的？”

“我们给偏离正轨的项目团队以红牌警告，然后讨论如何让他们回归正轨。”

“好的，这听起来合情合理，”我们说，“但那些在正轨之中运行的团队呢？他们是否会参与会议讨论，与大家分享管用的方法呢？”

在座的部门领导忽然答不上来了。“我想我们的项目总结只是在亡羊补牢，”其中一位经理说，“这些项目总结会议往往具有处罚性质，而且我们从来不过问那些做对了的事情。事实上，我们把这些会议称为‘尸体解剖’，而且我还听到员工称它为‘领导办公室会议’，这就是他们真实的感受。”

别天真，在商业运作中每天都会出现问题，生活中更是如此：错过重大事件；系统崩溃；客户发怒，威胁说要终止合作。我们要忽略这些问题吗？当然不。下面，我们要教你一种能鼓舞团队，而不是降低团队工作效率的方法来应对坏消息。

2. 找出解决方案，而不是错误

我们不是在提倡你只注意那些进展顺利的事情。我们知道人们总是能从错误中学到东西。然而，当你的雇员带着问题来找你时，你回应他们的方式是至关重要的（参见第三章）。情绪失控是不能解决问题的。

玛格丽特与我们在宾夕法尼亚大学的同学达娜·新川（Dana Arakawa）合作进行了一项调查。我们询问了80多名IT行业的员工：当工作中突然出现问题时，他们的管理者都做何反应。我们向受访者提供如下陈述，询问他们是否同意陈述的内容：（1）面对问题，我的项目经理能提出一些观点帮助我解决；（2）我的项目经理能够帮助我拿出解决方案。我们综合了受访者对此类陈述的反馈，再将反馈结果与他们所在的项目表现做了对比。对项目表现的评估是通过把项目实际进展情况与项目预算、项目进程和质量标准相比较来进行的。能够与员工一起讨论可能的解决方案，同时能在整个过程中保持冷静观察的管理者将获得更高的得分。玛格丽特和达娜发现，那四分之一得分最高的管理者团队比那四分之一得分最低的管理者团队在项目表现评估中的分值高了39%。

一些领导者为了避免突如其来的问题，会告诉他们的员工“要是没有想到可能的解决方案，就不要来找我”。这种思路是有问题的。有时，员工需要和领导者一起讨论出可行性解决方案。如果你总是希望他们能独立解决，那等你最终面对问题的时候，恐怕为时已晚。我们的研究中有类似的反馈：

“我们的项目经理往往在一开始得知问题时反应过激，在了解全部情况之后会慢慢冷静下来。正因如此，团队成员，也包括我自己，在一点儿解决思路都没有，或者问题非常严重的时候，是不会去找他的。”

如果你很困惑，自己总是没能及时得到问题的反馈，并因此错失解决机会的话，那可能是因为你的员工不敢跟你反映问题。你应该帮助员工拓展视角（参见第三章），找到解决方案。不要向我们的客户卡洛斯以前那样，自己成了员工要解决的一个问题。

鼓励坏消息

卡洛斯感到很沮丧，甚至怒不可遏。他刚刚得知自己领导的项目已经被延误 4 周了。更糟糕的是，这个消息是他在上级召开的每周员工例会上从同事那里听说的，而不是由他的团队直接向他汇报的。卡洛斯找到我们，寻求辅导。他说："如果我的员工早点来找我，我还能针对这个问题做点什么。可现在他们再来找我，我也无计可施了。"

我们给卡洛斯安排了一项任务："下次再遇到类似情况，你知道会有下次的，请集中精力找到解决问题的方法。"在卡洛斯接下来的一次辅导课上，我们请他分享了心得。

"我知道大家都不想让客户失望，但我们可以协力共同解决这个问题……我也很清楚，推卸责任于事无补。相反，我们可以集体讨论出一些解决方案，再具体实施其中的一个。在会议快要结束时，我让大家思考如何才能避免此类事件再次发生。”

现在你已经学会用一些不一样的方法来解决问题。要做一个从优势出发的领导者，你还必须了解另一件事：你自己的优势。

不要指责：通过提问鼓励员工找到解决方案，重获主导权

鼓励员工带着问题来找你，可以问问他们这几个问题：

- 先不要互相指责，你认为我们为什么会陷入这种困境？
- 让我们集体讨论出一些解决方案。短期的可能性是什么？长期的可能性又是什么？
- 如果是你遇到这样的问题，你会做些什么？

3. 了解自己的优势，否则没人会了解

到希腊古都德尔斐参观的游客会看到镌刻在阿波罗神庙入口的一行希腊文字：“Nosce te ipsum”（意为“认识你自己”）。要成为从优势出发的领导者，你必须了解你自己，

尤其要真正了解自己的优势。

关注个人擅长的领域——你的优势——并不是一时风尚。我们现在拥有广泛的来自各个行业的数据，能显示出许多积极的商业成果。关注个人优势，对于增加销售业绩，改善客服水平，提高创新能力，提升员工敬业度，都有作用。举例说明。盖洛普公司对万豪度假俱乐部的销售人员进行了一项研究。一组销售人员先完成时长 40 分钟的个人优势评估，之后与管理者一起就个人优势进行一对一的讨论。结果如何？在后续的销售工作中，这组销售人员完成的销售额比没有参与个人优势评估的销售人员高出了 17%。如果这种策略在公司全面实行，那么每个岗位都将会增加数百万的销售额。甚至连美国新兵都在学习如何运用个人优势。大约 100 万士兵已经参与了士兵综合健康项目（The Comprehensive Soldier Fitness Program），其中就包括对于心理弹性优势的自我评估。

用调查说话

提起盖洛普公司，多数人会想到它是个民意调查公司。

然而，在过去的40年里，盖洛普公司的一大块业务是研究人类优势。盖洛普公司在调查了36家公司将近20万名员工后发现，有一个问题可以预测员工的低流动性、高敬业度和高成功率。这个问题是什么？是“你喜欢你的老板吗”？不是。是“你对你的报酬满意吗”？也不是。这个问题是关于员工是否能够运用自身优势的：“在每天的工作中，你是否有机会做你最擅长的事情？”

悲哀的是，全球只有20%的雇员认为他们有机会每天做自己最擅长的事情。盖洛普公司发现，那些让员工每天做自己最擅长的事情的项目单元，其生产效率、客户忠实度和员工稳定度都会提升。

史蒂夫·乔布斯的工作方式

苹果公司前首席执行官史蒂夫·乔布斯在斯坦福大学毕业典礼上发表的演讲中说道：“在过去的33年中，每天早上我都会对着镜子问自己：‘如果今天是我生命中的最后一天，我还愿意做今天我打算要做的事情吗？’”

乔布斯在问自己这个问题时还没有得病。“如果连续好多天的答案都是‘不愿意’，我就知道我需要做一些改变了。”

这并不意味着每当事情不尽如人意的时候你就得换个工作。如果你讨厌自己的工作，也许你可以想出一些新的有创造力的方法来发挥你的优势。

不是特供项目

成为一个从优势出发的领导者不是去执行一些特供项目。它是一种状态，一种领导方式。领导者必须首先认识到自己的优势并以身作则，这样才能真正欣赏并发掘他人的优势。

只需三分钟，免费奉送：发现你的优势的提问

通过问自己下面的问题来发现你的优势：

- 我真正擅长的是什么？
- 哪种工作确实能让我充满动力？
- 什么时候我的状态最好？

问完自己，再问问你的同事、员工、朋友和家人，看看有没有多次出现的相同答案。这些就是你的优势。马丁·塞利格曼澄清道："虽然某些时候在工作中努力控制缺陷是必要的，但这样只能避免失败，却不能帮助我们实现卓越。"

一个更彻底的发现自身优势的方法是做一次实际的优势评估。好消息是，你可以选择一些免费的或花费很少的方式，大约30分钟就可以在线完成。

- 访问网址www.viasurvey.org，完成VIA优势调查问卷。点击"提交"按钮，你会收到一份免费的评估报告。如果你想获得更加详细的报告，可以花费40美元购买。
- 你还可以买这两本书：《盖洛普优势识别器2.0》（汤姆·拉思著）或者《现在，发现你的领导力优势》（汤姆·拉思、巴里·康奇著）。这两本书的封底上有一个密码，你可以使用这个密码在网上免费完成评估。再说一遍，只要点击"提交"按钮，就会收到一份详尽的个人优势报告。

• 如果你不想买书，访问网址www.gallupstrengthscenter.com/purchase，你只需要花费不到10美元就可以做一次在线评估，并收到你的“个人优势发现”报告。

我已经了解了自己的优势：现在该怎么做

当我们第一次向客户介绍个人优势的概念时，经常被问到这个问题。他们想知道这个新知识能给他们带来什么好处。我们建议他们从回顾过去的经历开始。

“在过去的一天或一周里，你是怎样运用你的优势的？”我们问客户特里，他是《财富》“世界500强”一家企业的业务带头人。

关于自我评估

我们可能都听说过，有人做了一次自我评估后就变得很狂热，相信这类评估能解释一切人类行为。不要把个人优势评估变成一时风尚。不管你做的是哪种自我优势评估，都要对下面的问题保持警觉：

- 如果下次再做这个评估，结果会一样吗？答案通常是否定的。所以，当你将评估结果作为下结论的依据时，请注意，这些结论不是刻在石头上的箴言。
- 这个评估结果一定准确吗？答案可能是否定的，所以你应该注意，不要过度依赖评估结果。
- 评估结果能预测出我在某种特定情况下的表现吗？评估结果可能会有参考价值，但并不绝对，不要夸大它的实际效用。

特里告诉我们："好奇心是我的优势，我注意到，上周我用这一优势真正了解了两名新员工。我还注意到，我很善于在经营总结会议上提出具有探索性的问题。"

在特里回顾完过去之后，我们让他展望未来："让我们在接下来的一两周里，找出一些能让你更多地运用优势的情境、项目或者挑战。"

"这周我有好几个会要开，我得在会议开始之前，比我的团队更先一步理解业务经营要求。为了做到这一点，我需要放大我的好奇心优势。”

一旦你理解了自己的优势，并做出示范，你就做好了把“发挥自己的优势”这个概念介绍给员工的准备。在第六章，你将学到具体的做法。但在那之前，你需要了解如何正确组建团队。即使你在近期没有雇用员工的计划或预算，你仍然会觉得第五章的内容对你有帮助。

关键点总结

从优势出发的领导者并不忽略问题，但他们能从正确的做法中获益。在你的工具箱中加入这些简单有效的方法，能够改善工作表现：

- **不要再问错误的问题**。关注问题是改进表现的一种方法，但不要忘了，要用同样严谨的态度去理解那些卓越表现背后的原因。对事情之所以能正确推进的原因提问，然后把获得的知识实践到其他领域。

- **找出解决方案，而不是错误。**问题有时是不可预测的，但你可以采取恰当的回应方式。在出现问题时，鼓励员工来找你反映情况。保持平静，帮助员工找到解决方法。
- **了解自己的优势，否则没人会了解。**在你把发挥个人优势的概念介绍给你的公司或团队之前，重要的是要首先了解自己的优势，这样你才能真正欣赏并发掘他人身上的优势。

对你而言，做一位从优势出发的领导者或许是很自然的事，或许需要你付出更多努力。无论如何，把这三种工具转化为行动，效果会更好。

需要思考的问题

读完本章，问问自己这些问题：

1. 做一名从优势出发的领导者，我在哪些方面做对了？

2. 我怎样才能更了解自己的优势？

3. 在哪些方面我们已经达到最好的效果，我们能从中学到什么？

4. 当问题或坏消息出现时，我是如何反应的？我需要做一些改变吗？

5. 我该怎样做才能把从优势出发的领导方法运用到一个或更多商业实践中，比如项目总结会议？

6. 要成为从优势出发的领导者，我能做的最小的改变是什么？

第2部分　关于团队

这一部分主要讨论你能够做些什么以提高团队绩效，并且使你的工作有所改观。作为领导者，你会同时肩负许多责任。你绝无可能全部独自完成。你必须依靠你的团队想出充满创意的点子，为客户提供服务，与其他部门协作，还要在不超过预算的前提下按时交付产品或服务。我们将向你展示如何将积极心理学的研究成果应用到4种常见的商业行为中，从而最大限度地激发团队的潜能。在读完本部分之后，你将具备以下能力：

做出更好的人事决定（第五章） 例如，你是否知道，专业技能、工作经验和教育程度这些因素，仅仅占到成功要素的一半？

提升业绩（第六章） 例如，你是否知道，仅仅通过给出频繁的认可和鼓励，就能使生产力提升超过40个百分点？

取得更大的成绩（第七章）例如，你是否知道，事先预估团队业绩，而不是事后反思团队表现，会产生更好的结果？

充分利用会议（第八章） 例如，你是否了解高业绩团队的魔法比例？

在接下来的每一章里，我们将与你分享最前沿的科学研究，以及一些你马上就可以使用的实用工具。开始吧，请翻到下页。

第五章
招聘：契合度测试

“他已经满足了所有关于专业技能和工作经验的条件要求，但就是没能达到我们所期望的结果。”

你是否对花大把的钱给招聘公司而感到厌倦？当你的明星员工失去昔日光彩时，你是否对再一次全面重新开始的招聘过程感到厌倦？你是否需要立即聘用一个团队，来负责即将推广的新业务？招聘失策会造成重大损失。一家人力资源顾问公司研究发现，将福利、培训及其他软成本均考虑在内，一家公司每招聘一名员工所花费的成本，要比为这名雇员所支付的薪水高出4倍。

美捷步首席执行官谢家华说："如果将所有糟糕的雇员所做的那些糟糕的决定加在一起……在美捷步的发展过程中，全部损失可能已经超过了1亿美元。"

我们为那些招聘者和正在寻求下一个职业机会的面试者提供指导。我们发现了招聘主管最容易犯的4个错误：没有为面试做好充分的准备，而是在面试现场即兴发挥；总是说得太多；错误地认为专业技能比人际交往能力更重要；只会在需要人才的时候才开始着手寻找。

即兴发挥。招聘主管在日程表中安排时间去面试求职者，但投入很少时间，或者根本没花时间为面试做准备。相反，面试时，招聘主管只是瞟了一眼求职者的简历，然后问一些老生常谈的问题，比如，"请大致介绍一下你自己""你最大的弱点是什么"。塞尼亚和她在斯坦福大学的同事研究发现，人们喜欢熟悉的事物，即使停留在熟悉的事物上会妨碍最初目标的实现。同样，即使熟悉的问题可能会妨碍我们更多地了解一位求职者，以判断他是否为合适人选，我们依然会依赖这些面试问题。

说得太多。招聘主管花费太多的时间来介绍自己、招聘岗位以及公司情况，却没有留下足够的时间去倾听，以真正地了解求职者。有时招聘主管没有提出后续的问题对求职者做更深入的了解，也没有为他们留出足够的时间提问。求职者如何回答问题，以及他们提出的问题，都能让我们有机会详细了解他的信息。一位企业高管在寻找他的下一次职业机遇时，曾告诉我："我觉得非常吃惊，在上一次面试中，面试官竟然没有问我为什么想要离开现在的工作。如果他们提问的话，他们就会了解到我是什么类型的领导，以及我看重的是什么。招聘经理说了许多关于这家公司的情况，当然我很乐意聆听这些，但我并不认为他们对我是否适合这个职位有准确的判断。"

认为专业技能胜过人际交往技能。许多招聘经理认为，假如找到一个与职位描述中专业技能、工作经验以及教育程度要求都符合的人选，他们就能够圆满地完成一次招聘工作。不要这么快下结论。大多数雇主都期望求职者具备的一种品质就是：与他人共事的能力。你不太可能仅凭一份简历，就能很好地评估出求职者的人际交往能力。求职者的简历也许看上去十分耀眼，但个人面试能够帮助你决定，这位耀眼的明星能否很好地融入你的公司。

没有主动寻找人才。相反，我们只在有需要的时候才进行招聘。你可能会认为，在经济不景气或者预算吃紧的时期，招聘人才并没有那么重要。你也许在想，为什么我们要用整整一章的篇幅来阐释雇用而非解雇。逻辑非常简单：衰退的经济形势是进行试探性面试及吸纳有实力的员工的绝佳时机。在失业率处于高位时，作为招聘经理，你可以做以下几件事情：

- 举行海选。许多人会申请你提供的职位。你能够筛选出最适合这份工作的求职者。
- 充分利用其他公司员工低迷的工作状态。表现优异的员工常常会对公司裁员感到失望，他们眼睁睁地看着自己的事业停滞不前。你可以给这些优秀的员工提供事业成长和发展的机会，吸引他们离开目前的工作。
- 吸引内部调动。公司的一些员工常常会寻求到其他业务项目或部门的工作机会，而非选择公司的竞争对手。你也许能够将这些人吸引到你的部门，若你是一位众所周知的杰出领导或是员工的伯乐，可能性就更大了。

在这一章，我们会向你展示如何避免常见的隐患，并做出更好的招聘决策；我们称之为契合度测试（fitness test），可以测量潜在的职位候选人与这份工作本身、与公司或者部门的协作程度；学会发现简历上并不能体现的优秀能力，并提出能够最大程度保证面试成功的问题；我们也会和你分享那些成功企业的秘密武器，避免因雇用错误而导致惨重损失。

1. 发现简历之外的闪光点

马丁·塞利格曼曾在飞机上和邻座的一位男士攀谈。这个人碰巧是大都会人寿保险公司的首席执行官，而且那时他正面临一个难题：他无法聘用并留下足够多的有能力的销售人员。人寿保险销售是典型的最具挑战性的工作之一，因为销售人员所要面对的是不断的拒绝。极少有顾客会这样答复销售人员的电话："是的，我现在正好十分渴望买一些人寿保险。"这位大都会人寿保险公司的首席执行官需要降低员工离职率，并且使他的销售人员在面对拒绝时能够保持达观的态度。

塞利格曼向这位首席执行官提供了一个解决办法：大

都会人寿保险公司在两个截然不同的小组中组织招聘，并观察哪一组的销售额最高、离职率最低。大都会人寿保险公司雇用了1 000名新员工，这些人全都通过了保险职业测试。同时，它又另外雇用了129名销售人员，这些人勉强通过了保险职业测试，但出色地完成了一项乐观度测试。所有1 129名新员工全部进入实际的保险销售工作，但没有一个员工或者他们的主管知道这两个小组的存在以及它们之间的区别。结果如何呢？两年以后，高分通过乐观度测试的129名员工所带来的销售额的增长，比另一个小组高出了27个百分点。

我们都知道，在类似于销售的众多工作中，倦怠和离职的现象非常严重，且难以控制，而韧性这一特质，可以预示销售工作的成功与否。读完第二章你就会知道，韧性也可以预示你个人能否成功。但如何才能发现像韧性这样不一定能在简历上体现出来的闪光点呢？在下一次招聘时，确保你的新员工能通过你公司的契合度测试。

塞尼亚起初并不相信所谓的契合度。她最初接触这个概念，还是斯坦福大学教授兼商业顾问杰弗里·普费弗在一堂有关人力资源管理的MBA课堂上介绍给她的。普费弗清晰地阐释了一个有关招聘的商业案例。该案例不仅考察了求职者的专业技能，还考察了他们的工作态度以及与公司文化契合度这样的软技能。“在摩根士丹利的工作经历，使我在走出课堂时仍然确信，在招聘人才时，诸如项目管理、财务分析、系统编程等专业技能，要比像契合度这样难以形容的素质更重要。但没过多久，我在波士顿地区参与建立和领导一家高科技公司期间，就完全相信了契合度这一说法。”

在创建一个公司的过程中，敏捷的思维和迅速改变发展方向的能力至关重要。在这种环境中获得成功的程序员，能够迅速调整工作状态，快速适应变化。

塞尼亚继续解释说：“我公司里有几个程序员。当客户的需求改变，或项目的技术规格和最初的设计不同时，我清楚地看到，业绩最好的程序员，就是那些具备创业心态的。他们不仅仅符合职位要求，也与我们公司的要求相吻合。正是在这个时候，我完全确信并赞同契合度这一概念，并且开始关注求职者简历以外的闪光点。”

软技能才是硬实力

《情商》一书的作者、心理学家丹尼尔·戈尔曼在一篇对超过100家《财富》“世界500强”企业的招聘职位描述的分析文章中写道，这些职位所要求的技能或者能力，实际上只有三分之一涉及专业技能，而剩余的三分之二都是有关人际交往的能力。令人遗憾的是，我们在面试求职者时，往往会过度关注那三分之一的专业技能。不要这样做。请留意另外那些不那么明显的素质，例如求职者与他人共事的能力、压力管理能力，以及积极主动的态度。

以积极主动的态度为例，德国吉森大学的研究人员迈克尔·弗雷泽研究发现，积极主动的态度与生产力之间相互关联。假如你正在招聘的职位要求有积极主动这一项，那么面试时就要考察这一软技能。简单地请求职者介绍他上一次主动承担责任并完成任务的情况。

有些人将诸如主动性、协作力、同理心等这些素质称为“软技能”。但在多数情况下，软技能才是硬实力，意思是指软技能更难以通过培训而获得。假如你不认同这一观点，无须多时，你就得动用你的培训预算，或是着手处理严重的人际关系问题，而这些问题往往难以完美收场。

“与其雇一名拥有丰富的客户服务经验但工作态度糟糕的员工，不如雇用一个没有任何电话服务经验，但工作态度积极并勇于承担责任的员工，”弗吉尼亚州首府里士满市负责城市运营的副行政长官克里斯·贝施勒这样告诉我们，“我需要一个态度积极的人，然后我可以教他如何使用我们的电话系统。”

一些非常成功的企业的确会在面试中提出问题，以发现求职者简历中没有体现出的那些闪光点。比如，微软首席执行官史蒂夫·鲍尔默说过：“我试图寻找一种类似于IQ和激情相结合的特质。所以我只是请求职者告诉我，他们所做过的真正引以为豪的事情……”这个问题能够揭示求职者的重要特质，比如说独立自主、团队合作以及锲而不舍的精神。假如这些特质是胜任你目前招聘职位的必备条件，那就进行面试，直到你找到合适的人选。

有关聘前评估的一句忠告

我们经常会被问到，是否推荐使用一些聘前评估以帮助筛选求职者。这要根据不同的情况而定，取决于你要通过测量何种特质，来判定求职者是否适合这个职位。记住，许多自我评估测量的是你的喜好而不是能力。在执行任何聘前评估之前，要经常与你的人力资源部门同事和法律部门同事商议。

2. 发掘过往，预测未来

耶鲁大学管理学院的教授埃米·瑞斯尼斯基对各种各样的职业进行了研究，发现人们用三种完全不同的视角看待自己所从事的事情：工作，职业，天职。那些将工作只看成是“工作”的人，仅仅是例行公事，以获取酬劳；将工作看作“职业”的人，他们工作是为了得到晋升，并在所选择的职业领域里不断发展；而将工作视为“天职”的人，认为自己是在为一个更大、更有意义的使命做出贡献。

我们常常认为，一个人若是视自己的工作为天职，那他从事的一定是与疗愈或管理相关的领域。而事实并非如此。有趣的是，这三种视角与工作的复杂程度或教育水平毫无关系。举例来说，研究中，一位医院的看门人，认为自己是在帮助病人疗愈（天职）。瑞斯尼斯基发现，将工作视为天职的人们，能够获得更多的意义，这会引导他们在工作中尽自己的最大努力。你可以雇用一个将工作仅看作“工作”的人，他们也会完成工作。但你可能需要吸引更多的将工作视为职业或者天职的人，这样你的公司才能真正区别于你的竞争对手。

看看今天谁在工作中确实表现出色，或是将他的工作视为职业或天职，也要看看谁曾在过去很好地完成过这份工作（记住，正如我们在第四章中指出的那样，你能够从进展顺利的事情中学到经验）。写下你注意到的他们身上具备的特征。假如有一个新职位，写下你认为胜任这个职位所必需的特质，然后向其他人求证。接着，设计一些问题或假设，以便能在面试过程中发现这些特质。但这个方法并非适用于所有的问题。

反思你提出的问题

我们的客户丹尼丝管理着一个由 18 名审计员组成的团队，这些成员分布在全美各偏远办事处。居高不下的离职率让她备受打击。丹尼丝告诉我们，正确的判断力和独立决策能力是优秀审计员的核心竞争力。我们了解到她经常向求职者提出的一个问题是：“假如出现一个突发情况，你不得不做出一个决定，通常情况下这个决定需要征得我的同意，而我那时又恰巧不在场，你会做些什么？”

我们帮助丹尼丝将她的问题从未来指向重述为过去指向。假如两名求职者对“你会做些什么”的问题均给出了很好的答案，这说明了什么呢？这只能说明他们都非常健谈。但假如两名求职者叙述的是他们曾经在老板不在场的情况下，如何处理了一次紧急情况，那你就能够辨别哪一个求职者更符合你的要求。

记住，未来工作表现的最佳预测指标是过去的工作表现。虽然“你会做些什么”之类的问题也有可能显示出求职者的创造力，但这些问题也是最容易伪造答案的。请谨慎使用！记得问“你做过什么”之类的问题。

你所需要的特质	能揭示这些特质的问题或假设
主动性	请向我讲述在你的职业生涯中，没有任何管理人员在场的一次工作经历。这次经历中，你喜欢的部分是什么？你如何保持自己的工作积极性并按时完成工作？你又是如何向老板汇报工作进展的？

（续表）

你所需要的特质	能揭示这些特质的问题或假设
批判性思维	请告诉我最近你在工作中解决的一个难题。你具体做了哪些事情？结果如何？
协作力	请向我讲述一次为了实现目标，你和一名不太容易相处的团队成员共事的经历。你是如何处理这种情况的？

你现在已经知道如何设计面试问题，以发现简历之外的闪光点，并且更好地预测求职者能够取得多大的成绩。但要做出一个了不起的雇用决策，还有一项技巧不得不知。

3. 不要忽视你公司的文化怪癖

在谷歌，有一个词用来描述与公司文化相契合的员工：Googly。“Googly”是一个简称，用来描述一个人聪明且具有创造力，是解决问题的高手，而且相处起来很有趣。与你的公司文化相契合的员工有什么样的特质呢？

假如你正计划一次到拉斯韦加斯的公司旅行，先访问美捷步网站www.zapposinsights.com。美捷步公司的面包车会接上你，然后带你去参观它们的总部。美捷步创立于1999年，是一家线上零售商。2009年，美捷步因经营状况衰退，被亚马逊以12亿美元的价格收购。依靠雇用既符合工作岗位要求又契合公司核心价值观的人，这家公司的首席执行官谢家华和他的团队成功打造了美捷步。

谢家华说："今天，我们在面试的时候，会为公司的每一个核心价值观设计问题。其中一个价值观是'创造欢乐，有一点点搞怪'。那么与之相对应的问题就是：在1~10之间，你觉得自己的怪异度是多少？假如是1，那对我们来说，可能有一点儿过于正经。假如是10，就可能会过于神经质了。数字的意义其实并不大，更多的是看求职者如何做出反应。因为我们的完整信念是，每一个人都是有一点点怪异的，所以这样的问题真的只是用一种有趣的方式，来表达我们认可并赞美每一个人的独特性，并且想要他们真实的个性能够在工作环境中大放异彩。"

美捷步的用人策略实际效果怎么样呢？赫丽斯塔·福利是美捷步大学人力资源部的高级经理，她告诉我们："我们拥有一支工作投入且被充分授权的员工队伍，他们想留在这里……这也使我们拥有很高的员工忠诚度和低离职率。"

工作场合中的激情

假如你雇用的员工与你的公司文化非常契合，他们更有可能对工作充满激情。想象一个对公司怀有热情和活力的员工：他为公司的价值观、目标和发展方向感到兴奋。最近，由我们的积极心理学同人所主导的一项研究显示：热情，也被称为驱动力、活力或者激情，是一个人享受工作的最大因素。此外，拥有热情的人被认为心理更健康，而心理健康与提高工作业绩、降低离职率相关联，更不用说降低医疗保健的成本了。

这里有一个例子，来说明当你雇用和公司文化怪癖相契合的员工时，你能得到什么。

“我发现如今在3M公司做一名销售员，要比在其他从未听过的小公司做销售员容易得多……而且，我发现自己会给人留下更温暖和更友好的印象。”

一组研究人员将这样的看法称为对公司“强烈的认同感”。他们认为这名3M销售员，以及像他一样的人，相信3M所具备的特质，比如说创新精神和成功，就是从公司转移到他们自身的特质。对公司的激情，能够转化为把工作真正做好的激情和活力。

我们的客户乔希，经营着一家B2B（企业对企业）软件协作工具公司。他告诉我们，他在寻找那些真正懂得如何协作的人，无论是在会议中还是在每天的项目工作中。“我们的部门其实相当随意，我们有许多即兴、快速的头脑风暴般的会议，”他解释说，“我需要吸引那些能够在这种环境中游刃有余的人到公司来。”

乔希现在用这个面试问题，来发现求职者是否契合他公司的文化：“谈谈你现在所在公司的办公环境，哪些地方你喜欢，哪些地方你不喜欢？”

再多做一些

要弄清楚求职者是否真的既符合职位要求，又契合你的公司文化的另外一种方式，就是不要局限于面试的这一个小时。素以无可挑剔的客户服务著称的托管服务器及云计算提供商Rackspace，是一家拥有2 000名员工的科技公司，它表示：“我们宁愿错失一名优秀的雇员，也不愿雇用一名糟糕的员工。”这家公司分成由18~20人组成的不同团队，团队成员中的许多人已经成为工作以外的亲密私人朋友。公司首席执行官拉纳姆·内皮尔说，求职者参加该公司面试时，需要设法通过一些伪装的寒暄。“他们要在这里待上 9~10 个小时……我们在整个过程中是非常友好亲切的。而且我们并不强势，但我们还是没有遇到一个人有毅力和我们胡扯寒暄一整天。”

你已经知道如何招纳或者吸引有实力的人到你的团队中，在第六章，你会知道，如何使他们完全投入到工作中，且富有成效，同时对工作感到充实满足。

关键点总结

聘用那些既符合工作岗位要求也与你的公司文化相契合的员工，是成功的关键所在。确保只雇用那些能够通过你的契合度测试的员工，可以从以下几点入手：

- **发现简历之外的闪光点。**你需要做足功课。首先，明确那些你寻求的能够胜任目前空缺职位所需的特质。接着，设计一些问题，能反映求职者与这些特质的吻合程度。不仅要注意专业技能，也要关注难以通过培训而获得的人际交往能力。

- **发掘过往，预测未来。**未来工作表现的最佳预测指标是过去的工作成绩。务必在面试求职者时，提出“你过去做过什么”之类的问题。
- **不要忽视你公司的文化怪癖。**正如“Googly”之于谷歌，搞怪之与美捷步：不要因为羞怯而回避那些让你的公司或者部门有独树一帜的风格的问题。

招聘时考虑契合度，并不意味着你需要四处寻找最佳人选，而是意味着在你有限的时间和预算内，找到并雇用最合适的人选。假如你让求职者参加了公司的契合度测试，从长远来看，这会为你节省时间和金钱。最终，你的团队不仅具备令人满意的专业技能，而且渴望竭尽全力做到最好，并能享受一起工作。

需要思考的问题

读完本章后，想一个在下个季度你将要招聘的职位，并向自己提出以下问题：

1. 现阶段是否有人在这个岗位上做得非常成功？是什么使他能够做到这样？（假如你不是特别了解，就去问问他。）

2. 要胜任这个岗位，有哪三项最重要的特质或是人际交往技能，是比专业技能、教育水平以及工作经验更重要的？为了了解求职者是否具备这些技能，我要问的三个问题是什么？

3. 公司或者部门哪三种价值观，是求职者适应公司文化必须具备的？为了了解求职者是否具备这些技能，我要问的三个问题是什么？

4. 我如何使我的团队参与到求职者的面试和选拔的过程中？

5. 为了帮助我做出更好的雇用决策，在我所采用的面试方式中，所能做出的一个小改变是什么？

第六章

敬业的员工：激发员工做到最好vs激发员工尽到全力

经常有客户问我们这个问题："如何才能够激发我的员工对工作尽到全力？"我们会建议他们问自己一个略有不同的问题，这个问题不会使人联想到榨干员工所有精力的画面。我们建议他们考虑下面这个问题："我如何才能够使我的员工做到最好？"

答案很简单：在日常工作中，识别、培养并发挥每一名员工的优势。使用这种方法来提高生产率的结果是，创造出一个充满活力的工作环境。在这样的工作环境中，员工会发自内心地想要做到最好，并且愿意为了完成工作多做一点。

这听起来相当简单，但实际上，正如我们在第四章了解到的那样，关注优势对一些人来说是非常困难的。还记得消极偏见这个概念吗？许多人总是在窥探这个世界的不足，并不断地提出诸如“缺少了什么，有什么地方不太对劲，什么是需要修改的，我们的差距是什么”这类问题。我们非常擅长发现错误。

我们的一位客户收购了一家公司。作为整合过程的一部分，我们将两家公司的高管组合成一个小组，并就他们的管理举措整理出一个清单。“你们有哪些工具或流程，是你们的经理能够用来帮助提高员工工作绩效的？”收购公司的总裁问道。

“我们有一个累进式纪律流程。”被收购公司的人力资源部负责人回答。玛格丽特听到这个，差点儿从椅子上摔下来。

大多数企业都有一套经过深思熟虑且记录翔实的累进式纪律流程。这个流程通常是这样的：当一名员工的工作表现不符合预期标准时，对于第一次违纪行为，他会收到一个口头警告；假如他并没有改正，接着会收到一个书面警告；如果这名员工的工作表现依然没有任何起色，最后的结局通常是“走人”。通过这种累进式纪律管理来提高员工的工作业绩，就像是为了提高高尔夫比赛成绩，而雇用一个每次挥杆前都发出“不要错过”警告的高尔夫球教练。想象一下，假如你的公司拥有一套经过深思熟虑的累进式反馈流程，而不是一套经过深思熟虑的累进式纪律流程，这能对提高员工工作业绩起到什么样的作用呢？

忘记员工满意度

20年前，大多数企业都很关注员工的满意度。人们设计出各种各样的调查研究，来测量员工对他们的经理、餐厅里的食物，甚至是他们坐的椅子的满意程度。那时企业普遍认为，假如员工对他们的工作环境感到满意，那么员工的工作表现就会更好。但这类满意度测量遗漏了一项重要的内容：享受个人工作与公司盈利能力之间的联系。

时间快速驶进千禧年。现今，像百思买和安·泰勒这样成功的企业，关注的反而是员工的敬业度——员工对自己的工作、同事和公司的投入、热情和热爱，这会更进一步地提高公司的效益。盖洛普咨询公司自20世纪中期就开始研究人类行为，一项针对来自全球各个国家超过1 700万名员工的研究显示，员工的敬业度越高，工作效率就会越高，也更关注客户，有安全感，因此离开你的公司到竞争对手的公司去工作的可能性会更小。

高度敬业的表现是什么样的

“你要能够辨别出哪些员工工作敬业，哪些员工只限于做好本职工作。”斯特凡妮告诉我们，她是一家信息科技公司的副总裁，也是我们的客户，“我的公司里有一些高度敬业的员工——他们表现出极大的工作热情，充满了好奇心，并且乐于学习新鲜事物。”

那么，是什么创造了高度敬业的员工团队呢？具体因素有许多，但盖洛普咨询公司发现，那些有机会关注自身优势的员工，敬业的可能性是其他员工的6倍。还有一项附加价值，同样是这些员工，认为自己拥有的生活质量更高的可能性是其他员工的3倍。仔细考虑一下：我们将自己拥有的大部分清醒时间用于工作，所以工作对我们生活质量的影响重大，无论是积极的还是消极的。不幸的是，根据最新的盖洛普全球数据统计，全球范围内只有30%的员工在他们的工作中认真投入。一个确定能够提高员工敬业度的方法，就是帮助员工发现并在工作中应用他们自身的优势。

过去10年，有关如何识别和利用个人优势的书籍很多。但领导如何能够成功地在他们的团队或者企业中推广这种方法的论著却少之又少。在这一章，我们将向你展示，如何将优势转化为一项团队运动。我们还要向你展示如何通过一个简单直观的，能够使员工更加投入且充满活力的体系，来扭转员工低迷的工作表现。最后，我们要阐释一个原创性的研究。这个研究显示了累进式反馈，或者我们称之为频繁认可和鼓励，是如何不花分文地将工作效率提高超过40个百分点的。

1. 不要纸上谈兵

除了能够提高销售业绩，人们还发现关注优势能够提高客户服务质量。一项针对来自51家企业的30多万名员工进行的研究显示：日常工作中，得以施展自身最大优势的员工数目高出中间值的工作团队，在客户忠实度和员工留任率方面，要比那些低于中间值的工作团队高出44个百分点。

除了能够提高客户忠实度和员工留任率，关注优势还能提高生产力。我们想要亲自弄清楚这一点。在第四章我们提到的一项研究中，玛格丽特和达娜·新川要求员工对一系列陈述进行认同度打分，比如“我的项目经理安排给我的任务与我的才能相匹配”和“我的项目经理鼓励我在发挥自身优势的基础上提升工作业绩”。然后，将员工的评分与他们所从事的项目的成功程度进行对比。

确切地说，那些关注员工优势的经理人所领导的项目获得的结果更好。到底有多好呢？与那些没有关注员工优势的经理人所领导的项目相比，业绩高出50个百分点。

读完第四章后，你已经知道如何识别自身的优势。现在是时候将优势的概念推介给你的员工了。不过，要求你的员工读一本书或者参加一项评估来识别他们自身的优势仅仅是第一步。真正有影响力的后续环节是，与你的员工讨论他们自身的优势，以及他们如何能够更大程度地利用这些优势。大部分人都会有这样的印象：经理说，“来，让我们读一下这本书”，然后再也不会花费任何时间去讨论这本书的内容。我们不知道该如何对待或应用这个全新的知识，而经理也不明白为什么大家还不实践书里提到的建议。不要陷入这样的僵局。

将优势的概念推介给员工，是在帮助员工进行自我发现。你的工作是引导关于自我发现的讨论。答案没有对错之分。你只是在尽力加深员工对他们自身优势的理解，然后帮助他们想出一些方法，以便更进一步地利用他们的优势。

工作塑造

在第五章，我们展示了在面试过程中，如何评估求职者是否既符合岗位要求又契合公司文化。但是，一旦求职者被录用，契合度的评估就成为一个持续性的过程，以确保雇员在工作中尽职尽责且保持高效。要做到这一点，需要确保员工的优势与安排给他们的工作相匹配。积极心理学称此为“工作塑造”。工作塑造指的是为了使工作要求与员工优势之间更加匹配而做出的任何改变，无论大小。戈登·帕里是亚里士多德集团的主席，也是我们在宾夕法尼亚大学的同学，他在一家大型企业进行了一项有关工作塑造的研究。参与者反馈的积极结果包括“工作重塑帮助我认可了自己所做的贡献”，以及“我识别出了那些我并不知道的潜在机会”。

艾曼是我们的一位客户，她想将个人优势和工作塑造的概念介绍给在偏远地区工作的员工兰迪。由于经费缩减，兰迪所在的办公地点，是艾曼很少有机会去探望的办事处之一。

艾曼对兰迪解释说：“研究人员已经发现，我们越多地应用自身本来的优势，就会更加幸福和满足，并能够完成更多的工作。我想让你完成这个线上评估，大约会花费30分钟的时间。在下次一对一的谈话中，我们会留出一些时间来讨论你的评估结果。我也会和你分享我的评估结果。”

在之后与兰迪进行的一对一谈话中，艾曼首先解释了这个做法的目的：“在我们今天的谈话之后，你会对自身的优势是什么，这些优势是如何结合在一起的，以及你如何才能更多地应用这些优势有一个更好的理解。

“虽然这些优势对你来说可能都非常重要，但我仍希望你能挑选其中一项优势，并告诉我你在昨天的工作中是如何应用它的，上一周又是如何应用的，在家里或是你所在的社区中又是怎样应用的。”

成为一名职业匹配度教练——使员工做到最好的一些问题

在为上百位企业领导者提供指导的过程中，我们发现下面一些问题，对评估员工优势与他们现在所从事的工作之间的匹配程度很有帮助。看看哪一个问题，能用来引导你和员工之间的对话。

- 告诉我哪一类工作使你真正充满活力——你迫不及待想要立即投入进去的工作。
- 告诉我哪一类工作使你感到筋疲力尽。
- 在工作中，如何用一种新的方式来发挥你的优势呢？
- 说出一项你不喜欢去做的任务或活动。你如何使用一个或者更多的自身优势来增强你在执行这项任务时的愉悦感？团队中是否可能有其他人会更享受这个任务？假如没有，我们是否应该考虑轮岗，这样就不会有人感到被困在这项工作中了？

- 你能够做的对你的工作产生积极影响的一个最小的改变是什么？

在兰迪谈论了他的第一个优势后，艾曼针对其余4个优势重复了上述过程，然后他们讨论了这5个优势如何能够一起发挥作用。兰迪承诺将他的优势应用到一项具体的工作挑战后，艾曼结束了这场谈话："让我们想出一项可以发挥你的一个优势的任务。这可能是充满挑战性的项目、客户、业务合伙人或者是同事。你想要关注哪一个？"

"我一直将很多精力用于创造这些新的工作流程，以致没能和其他区域办事处的同事进行良好的沟通，"兰迪承认说，"我真的可以加强我的沟通优势，和他们打个电话，来分享彼此工作的进度。"

"这听起来真是一个很棒的利用你的优势的方法，兰迪，"艾曼回应说，"在我们下一次的一对一谈话中，请告诉我这项工作进展如何。"

你当然可以像艾曼这样，与你的每一位员工面对面交谈，让他们单独介绍自身的优势。但是，假如你领导的是一个团队，你可能更希望同一时间向每一位员工介绍优势的概念。我们来看看这该如何去做，以及你会有什么收获。

2. 将优势转化成一项团队活动

以团队的方式向员工介绍优势的概念，有一个附加价值，那就是他们不仅会理解并重视自身优势，也会理解并重视他们队友的优势。你可能会想，那又怎样？假如你像我们了解到的多数企业领导那样，那你可能要花费比你预想的更多的时间去调和那些彼此无法融洽相处的员工。当团队成员彼此了解各自的优势时，差异也会得到理解和重视，而不会变成冲突的导火索。

在一大堆需要在截止日期前完成的工作和等待我们去服务的客户面前，谁还有那个时间放下手头所有工作来谈论优势呢？马克是我们的一位客户，让我们来看看他是如何在执行一个大型集成项目期间，为了一个有关优势的讨论，而将他的团队召集在一起的。

马克了解到，只要团队中的几个成员能够更好地协作，他的团队的工作效率可能会更高。他决定花上 1 个小时左右的时间向他的团队介绍优势的概念。他谈了明年需要交付的产品，以及整个团队如何更好地利用彼此优势来实现这些目标。他首先向他的团队介绍了优势的概念：

“我知道大家手边都有很多工作需要处理，花费时间去做计划和了解我们彼此的优势，似乎很奢侈。但是，我坚信在各自发展之前，稍微投入一点点的时间去了解自己，会在后续过程中获益良多。我希望你们抽出 30 分钟左右的时间，来完成这份线上测试。在下一次团队会议中，我们会预留出一些时间来讨论测试结果。”

两周后，为了帮助员工理解如何使他们的优势共同发挥作用，马克召开了一个会议：“在座的每一个人，都要分享一到两个自身最大的优势，以及我们认为这些优势怎样反映出我们是什么样的人。在这个过程中，我会记下这些内容。然后我们来谈谈，最近一段时间，每个人都如何利用了自身的优势。”马克首先展示了自己的两个最大优势。

在团队中所有成员都轮流分享了各自的一两个优势后，

员工都承诺将他们自身的优势应用到一项具体的工作挑战中。

马克在会议结束时说："既然我们已经了解了彼此的优势，那让我们来看看明年要交付的产品，看看我们如何更好地自我定位，获得最后的胜利。"

为差异欢呼

《盖洛普优势识别器2.0》一书的作者汤姆·拉思说："从早期研究中，我们了解到那些伟大的领导者从来都不需要成为全能人，但是那些伟大的团队恰恰相反。"与你的团队一起，促成一次有关优势的讨论，对团队中的每个人来说，都是了解这个团队能力是如此全面，并去欣赏彼此差异的一种非常有效的方式。

我们曾共事过的一位IT项目负责人说："在我和我的项目团队一起进行优势评估时，我还了解到另外一件有趣的事情。我绝大多数从事IT的同事，在他们各自的前三大优势中都提到了思维能力，即有创造性或独到的见解，而我的优势则是责任感、纪律性，还有项目负责人具备的所有优点。滑稽的是，当我们回顾彼此的优势时，我的团队对于我为什么总是试图迫使他们对产品交付做出一个明确的最终决定，有了更深刻的理解；而我在那一刻，也顿悟了他们为什么总是那样难以对付。他们是一群高级思考者，脑子里充满一串串天马行空的创意点子。我们在那一刻能够对此一笑了之，但也对彼此行为背后的原因有了更好的了解，能够成为以后工作的参考。”

考虑将一次优势讨论与你的团队需要完成的其他工作结合在一起，比如商业计划。或者你也许正在着手建立一个新的项目团队，尽早发现成员的优势，能够加速项目的启动过程，帮助你分配角色和任务。你也可以与那些为实现一个共同目标，需要更紧密地合作的多个跨职能团队，共同发起一次优势讨论。指导你和你的团队进行一次优势讨论的工具，可以在本书的附录C和我们的网站ProfitFromThePositive.com中找到。

一旦了解了员工的优势，你就有了更加充分的准备，去安排能够真正激励员工的任务和责任。凭借这类信息，你可以打造一支高度敬业的团队，这将对你的企业的最终效益产生积极的影响。

但如果你的队伍中就是有一些人不能够很好地执行工

作，那该怎么办呢？你能做些什么呢？请阅读我们的下一个工具来找出答案。

3. 与其解雇那些工作表现不佳的员工，不如点燃他们的热情

假如你是一名企业家，你密切关注的是公司业务的现金流。假如你是一家大型机构的一分子，你密切关注的是你的预算。不管怎样，你最终关注的都是财务状况。但也许你不知道，使你的员工达到被心理学家称作“心流”的状态，就能够对你所关注的财务状况产生积极的影响。

心理学家米哈利·契克森米哈赖是一名具备几十年经验的攀岩者。他注意到在外出攀岩时，有时自己会达到“如入无人之境”的状态。米哈利将这种感觉称为“心流”。这种状态发生时的一个明显标志是，你完全沉浸在自己所从事的事情中，忘记了时间的存在。

假如你像我们合作的大多数领导者那样，你可能会拥有一些高度敬业的员工。他们热爱自己的工作，并且经常能够达到心流状态。

跟随心流

你也可能会拥有一些工作表现不佳的员工。你知道这些雇员本可以胜任更多的工作，但他们就是没能将自己的能力发挥出来。你可能还有一些员工，他们曾经工作业绩突出，但现在却不如以前那样敬业。当然，可能有一些工作之外的事情对他们的工作表现产生了负面的影响。但在更多情况下，我们忽略了一个最常见的原因：员工技能水平和工作挑战值之间的严重不匹配。

对于工作表现糟糕的雇员，也许给出一份书面警告或者直接解雇他们更为快捷省事。但假如你已经雇用了一名员工，你就已经为一个你本以为能够胜任的员工投入了时间和金钱。假如你是从前任主管那里接管了这名员工，作为他的新经理，你有责任给他一个改善工作表现的机会。但不是使用那种累进式纪律管理方式，而是要利用下页的心流模型进行一次有关心流的讨论。

如何应用这个模型呢？如果你将一项充满挑战的工作或任务分配给技能水平较低的员工，他可能会非常焦虑，担心自己犯错或是彻底失败。他需要你付出更多的时间和

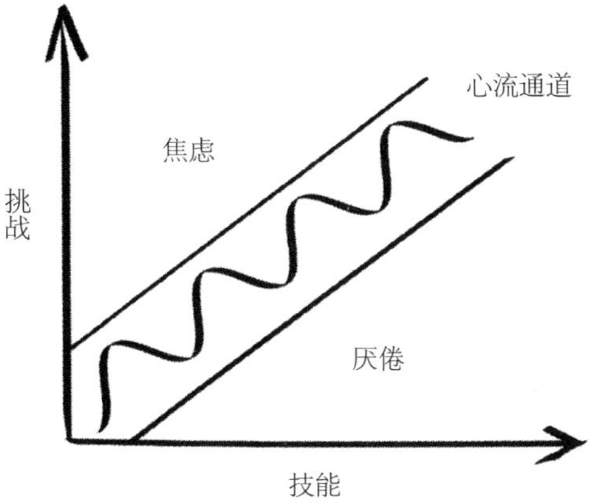

心流模型

注意力，才能够胜任这项工作。同样，当你给技能水平很高的员工分配的任务不是那样具有挑战性时，你知道这项工作会被圆满完成，而且有可能要比那些工作经验少一些的人完成的速度更快。但你可能不知道的是这样的工作安排对雇员产生的负面影响。将这些不需要动脑筋的工作安排给一名高技能水平的员工，你也许可以在工作中放松一阵子，但随着时间的推移，具备高技能水平的员工就会变得烦闷和焦躁不安，甚至有可能开始寻找一份新的工作，以满足他对具有挑战性的工作的需求。

我们一年中要指导很多的客户去了解如何使用这个心流

模型，以扭转员工欠佳的工作表现。

吉尔是我们的一位客户，她曾经收到4名销售代理投诉她公司内部的一名销售人员——史蒂夫工作不如以前那样高效。“他过去通常在48小时内就处理了我的新业务，”一名销售代表告诉她，“但现在要花上一个多星期，我的新客户对此感到很不满意。”

吉尔决定和史蒂夫进行一场有关心流的讨论，而不是一次累进式的纪律规范谈话。吉尔首先将注意到或者听到的事情告诉了史蒂夫：“你负责支持的销售代表对你的业务完成时间感到很不满意。你以前能够在48小时内将新的业务输入到系统内，但现在所需的时间超过了5个工作日。是什么事情阻碍了工作进度？”

史蒂夫并不是十分确定：“我只是没有以前那样投入工作了。”

这时吉尔决定使用心流模型来引导这次讨论：“我们来看看是否能够一起解决这个问题。我最近发现了一个模型，而且我认为，这个模型适用于绝大多数人职业生涯的不同阶段。来看一下。”吉尔粗略地画出了这个心流模型。“竖轴表示工作难度或者挑战等级，横轴表示你的技能水平。当有一项新业务时，你觉得自己应处于模型中的什么位置？”

请记住当你和你的员工使用这个工具时，员工给出的答复并没有对错之分。一旦员工认可了自己在这个心流模型中所处的位置，请务必将这场对话引导至他应该采取哪些具体措施，来增加处于心流状态的时间。

吉尔继续解释说：“并非你所做的全部工作，都能让你达到心流状态。有时我们不得不去处理那些我们不太喜欢的工作，但愿这些工作不会占用我们大量的工作时间。那我们能够做些什么，来帮助你在工作中更多地进入心流状态呢？”

就像骑自行车一样

你每天都有无数的机会来帮助人们发现他们的心流状态：通过设计与他们心流状态相匹配的工作。也就是说，工作的难易程度要适合他们的技能水平和优势。一家《财富》世界“200强”公司IT部的一名高级研发人员，描述了他和他的经理一起进行工作重塑的过程：

“我的经理和我在模型中定位了在哪一个区域能够发挥

自己最大的影响力，并且我可以期待真正享受那些与我优势相吻合的工作任务。我们也可以看到，在哪些方面我仅仅是需要‘完成’，而不是要发挥自身优势。既然我们明白了这一点，我就能够预测，在什么样的情况下，我需要更加专注，用更多的精力和更积极的态度去解决问题，而不是任凭工作耗尽我的能量。我认为这就像骑自行车。下坡路，就像我自己的优势，整个过程非常有趣；而上坡路，并非我的优势所在，但我能够通过努力、专注和耐心去克服。”

有时，你已经做了所能做的一切去鼓励或点燃一名员工的激情，但仍然没有效果。那该怎么做呢？你可以建议他轮岗，或者到其他和他的优势相匹配并且能提供新的挑战的部门去申请职位。假如你的公司里面没有合适的机会，那也许是时候鼓励这位员工另谋高就了。虽然短期内这可能会很困难，但请相信我们，从长远看，你们都会更加快乐。假如你唯一的选择就是解雇这名员工，一定要详细记录你付出的努力，避免日后可能会出现的任何法律纠纷。

还有一种分文不花，却能改善员工工作表现的方法，就是前文我们提到的频繁认可和鼓励（Frequent Recognition and Encouragement，FRE）。

4. 给予员工频繁认可和鼓励

想象一下，你能够将员工的工作效率提高40%以上。它会加快产品推向市场的速度，降低成本，增加销售额，或者提高公司的客户服务能力。再想象一下，你可以分文不花地享有这些因工作效率提高而带来的收益。继续想象一下，这个提高工作效率的方法非常简单，每个人都能从今天开始立刻实施，且不需要经过收费昂贵的培训或满足认证计划要求。你愿意尝试吗？你当然会愿意，如果不愿意的话，你一定是疯了。这个方法就是频繁认可和鼓励。遗憾的是，我们不常听说有人运用这种简单、零成本却非常有效的方式去吸引员工。

借口，都是借口

我们几乎听过所有经理不提供频繁认可和鼓励的借口，下面5个是最常见的：

- “我太忙了。”
- “这就是花钱雇他们要做的工作。”
- “现在庆祝为时尚早。我们还没有将工作完全落实到位。”

- “我不喜欢也不需要用鼓励来完成我的工作。”
- “这会使员工自我膨胀。”

精益六西格玛（Lean Six Sigma）和其他与过程相关的生产力工具，教导我们为了提高工作效率，必须分析、测量并评估工作。我们已经开始相信，没有什么事情是简单的。虽然我们肯定是拥护改善工作流程的，但我们也知道，通过关注员工，你也可以提高他们的工作效率，而且我们有数据支撑这一观点。

和我们共事的一位首席信息官对此感到好奇。他想知道为什么他的团队中只有一部分人按时在预算内完成了项目，并且好像比其他人更享受他们的工作。他尤其想知道假如团队由乐观的经理领导，团队成员是否会变得更敬业，工作更高效。我们组织了一项研究来找出答案。

这个秘密因素是什么呢？乐观吗？不。这个因素是频繁认可和鼓励。我们给雇员提供了一系列的陈述，比如“我的项目经理时常对我取得的成绩表示认可”，紧接着的问题是，“你的项目经理对你所取得的成绩给予鼓励和（或）

认可的频率是多少？以何种方式？”他们对这些问题和其他问题的回答，随后会用于和他们从事的项目结果进行比对。例如，这些项目支出是否在预算内，项目能否按时完成，以及是否符合质量标准。

玛格丽特和新川发现，给予频繁认可和鼓励的经理取得了非常显著的更高的项目业绩。尤其是那些在给予频繁认可和鼓励中得分排在前四分之一的经理，与那些得分排在后四分之一的经理相比，工作效率提高了42%。

不幸的是，调查中，只有40%的雇员声称他们曾收到来自主管经理的某种形式的鼓励。这也许会令你感到惊讶，更多的经理并不给予认可和鼓励。还记得消极偏见吗？我们太习惯于寻找哪里出了问题，而不是去探寻什么是正确的。

假如你也参与了我们的研究，你会怎样做？请用本书附录D或者我们的网站ProfitFromPositive.com中经理自我评估的5项内容进行自测。或是简单地考虑你在多大程度上同意这个陈述：“我时常对我的员工所取得的成绩表示认可。”

但不要就此止步，因为你认为你做了什么真的不重要，真正重要的是你的员工体验到了什么。请你的员工，参与本书附录D或者我们的网站ProfitFromPositive.com中的员工对经理的评估，然后将他们的结果和你自己测试的结果进行对比。

考虑过程，而不是人

还有一项积极心理学的研究发现，企业领导者必须知道频繁认可和鼓励是行之有效的，不会事与愿违。尽管我们在商业世界里几乎不会使用“赞美”这个词，但这却是一个需要理解的重要概念。斯坦福大学的卡罗尔·德韦克研究发现，对过程的赞美要比对人的赞美更加有效。

对人的赞美就是指，当我们表达对某人的认可时，通常会这样说：“你做得非常棒”或者“你真是太聪明了”。德韦克和她的同事发现，假如受到赞美的人犯了一个错，这类赞美实际上助长了对失去这种正面声誉的无助和恐惧情绪。相比之下，对过程的赞美就是指，当我们表达对某人的认可时，通常会描述他为了实现最终结果所付出的努力或采取的措施，常见的说法有：“当我得知你还有一大堆其他的工作要处理时，我真的很感谢你在分析这些报告中所投入的时间和精力”。研究发现，这类赞美提高了员工的自信心和适应能力，尤其是在他们面对未来的困难时。

最后，你的反馈必须是真诚的，这样才能被很好地接收。2012 年卸任世界最大玩具制造商美泰公司董事长一职的罗伯特·埃克特说："我的同事能够担保我是一个多么强硬的人。可是对一项完成很好的工作表示认可有什么问题呢？为什么不能更多地对他人说谢谢，并且是发自内心的呢？"

确保你的反馈让人感到真诚的一个方法就是：停下手头所有的工作，完全专注在你的同事身上。假如你是完全投入的，员工是能够感受到你的真诚的。假如你领导的员工在其他办公地点，你甚至可以通过电话来传递你的真诚。同样，停下你手头所有事情（没错，将视线移开电脑屏幕），将所有注意力放在这名员工身上。

我们合作过的许多企业领导，都负责着数百万美元的大型项目，这些项目常常需要耗费几年的时间才能全部实施完成。他们提出的最多的一个问题就是："这些项目要几年后才能知道是否成功，在现阶段我该如何向我的团队表达认可？"

正如我们的客户塔蒂亚娜所展示的那样，对员工表示认可既不困难也不需要耗费很多时间。塔蒂亚娜是一个价值数百万美元的系统转换项目的经理。这个项目要至少两年之后才能确认是否成功。难道她要等到这个项目完全实施完成才对员工表示认可吗？当然不是。她采取了各种各样的方式，给予员工频繁认可和鼓励：亲自参加项目团队会议，周期性地发送语音邮件，以及将内部业务合作伙伴发来的表扬团队工作进度的邮件转发给大家。最重要的一点是什么？避免只在出现问题的时候才给予团队认可。

当面指出问题，背后表扬，以及其他有效的方法

记住频繁认可和鼓励不一定只有领导者才能给。团队成员之间经常对彼此做出的努力表达认可，同样能够调动员工的积极性。

克里斯塔·福利是美捷步大学人力资源部高级经理，她告诉我们："创造一些能够鼓励经理对员工以及同事之间互相表达认可的机会。员工从各种渠道获得的认可越多，效果就越好。我们有几项表达认可的活动，所需成本很低，但从提高敬业度的角度来看，投资回报率绝对高。例如，每个月每一名员工能够给另一名员工 50 美元的奖金来表达

对他的赞美，收到奖金的员工的经理也会收到一封电邮，让他们知道自己的员工做了多么了不起的事情，并且最终，所有奖金信息和获得奖励的员工，会被整理汇总并与整个公司分享。”

我们在第一章提及的EverFi公司，大力拥护经理对员工和员工之间需要表达认可的理念。当涉及给予频繁认可和鼓励时，这家公司也有一个非常有趣的哲学观点。“当面指出问题，背后表扬，”EverFi的汤姆·戴维森告诉我们，“当我们认为团队中某位成员的工作表现没有达到我们期望的标准时，会有一个非常坦诚的对话。我们会当面直接指出问题所在。但我们也信奉，要在人的背后表扬他们。在公开场合对你的一个队友表达认可很容易，我们在全公司范围的电话会议中就是这样做的，但是我们企业文化的独特之处是，积极鼓励在员工的背后表达认可。”

埃利奥特是我们的一位客户，他告诉我们，他在某天下午收到公司同事发来的那么多短信时有多激动。“我当时没能去参加那场市政厅的会议，”他说，“我根本不知道领导那天把我单独挑出，作为执行我们公司一条价值观的例子。”在背后表扬员工，最终会返回到值得这种认可的员工那里。

记住，频繁认可和鼓励不花分文，假如做得正确，能够将一个团队的工作效率提高40%以上。旗下拥有包括肯德基、必胜客、塔可钟和海滋客连锁店在内的百胜餐饮集团的董事长、首席执行官兼总裁戴维·诺瓦克说："我们公司的文化基于一个事实，那就是人们天生都有得到当之无愧的认可的需求。给予认可是建立高能量、有趣的企业文化和加强行为结果导向的最佳方式。认可需要实至名归，并且是真心实意的。对于那些希望得到认可的人来说，认可永远不嫌多。为什么要在对人们影响最大的事情上面表现得如此吝啬呢？"不要太小气！

关键点总结

创建一个高度敬业的员工队伍就是，使他人都做到最好。越来越多的企业开始认可，它们更多地关注员工自然就能做好的事情，而不是持续关注他们做的糟糕的事情时，能够带来工作效率的增长。有4种具体的方式，可以使员工投入工作并且尽他们的最大努力：

- **不要纸上谈兵。**一旦你理解并且接受自己的优势，那就将优势的概念介绍给你的员工。但不要仅仅让他们读一本有关如何发挥优势的书。相反，将优势作为你和员工对话的部分内容，并且帮助他们将自己的工作重塑成能够真正激励他们的事业。
- **将优势转化成一项团队活动。**你也可以发起一次团体讨论，将优势的概念介绍给你的工作团队、跨职能的项目团队，以及业务合作伙伴。通过利用和你共事的员工优势来提升工作业绩。
- **与其解雇那些工作表现不佳的员工，不如点燃他们的热情。**定期和员工谈谈，看看他们的优势与你分配给他们的工作之间的吻合程度。假如其中一名雇员工作表现欠佳，不要感到沮丧或给他书面警告，而是要通过心流模型来指导他。重塑工作，使工作和员工的优势更好地匹配。

- **给予员工频繁认可和鼓励。**正式的自上而下的认可程序可以保留，但是不要忽略对员工工作简单地表达你的感谢所带来的能量。确保你的反馈是具体的，关注员工为了取得好的成绩的工作过程，并且要保持真诚。

需要思考的问题

阅读完本章后，问问自己以下这些问题：

1. 我已经着手在做的、正确的使员工发挥出他们最好水平的工作是什么？

2. 我将如何向我的员工介绍优势的概念？一对一介绍？作为团队会议的部分？还是作为我们共同处理的其他工作的一部分？

3. 在我公司的其他部门，有没有人或者团队需要了解优势的概念？

4. 我的团队中谁能够从有关心流的对话中获益？

5. 个人或者团队最近取得的三项成绩是什么？我将如何向他们表达我的认可？亲自见面？打电话？发邮件？在团队会议上？还是在他们背后？

6. 为了鼓励我的员工做到最好，我能采取的一个小小的改变是什么？

第七章
绩效考核：要么改变，要么终止

我们并不确定究竟是谁更担心绩效考核：经理、员工还是人力资源部门。上述三类角色都告诉我们，绩效考核的准备工作和后续的讨论工作苦不堪言，原因有4个方面：我们认为绩效考核是一项烦琐的、令人讨厌的工作；我们陷入了恶性循环；我们人为地为员工的工作业绩编排名次；我们放大缺点。

我们认为绩效考核是一项烦琐的、令人讨厌的工作。“我的经理将我们公司的绩效考核表格电邮给我。”我们的一位客户米歇尔告诉我们。

“你们都进行了什么样的讨论？”我们问道。

“讨论？”米歇尔似乎有些茫然，“我们的‘讨论’一共包括邮件中的6个字：‘你填表，我签字。’”

一些经理认为，绩效考核就是一件令人恼火的、只是在表格里面打钩的琐事，这件事的唯一目的就是让人力资源部门感到满意。人力资源部门则常常在不经意间强化了这个观点，它们总是关注培训经理如何填写线上表格，而不是如何进行一场建设性的谈话。因此，一些经理不会花时间和员工讨论绩效和发展计划，也意识不到这种对话与提升工作效率和敬业度之间的联系。假如一些员工过去的主管经理并没有真正关心过员工的发展，员工本身也会同样认为这个过程无聊而讨厌。

我们陷入了恶性循环。麦克斯是我们的一位客户，一想到要在年底之前为他的12名直接下属进行绩效考核，他就一筹莫展。“我在要交付的产品和年终考核之间陷入了困境，”麦克斯说，“我真的很想和我的每一名下属都进行一次有建设性的对话，但是我没有时间去收集所有必要的反馈，整理成文，然后安排12场耗时1个小时的会议。”

和麦克斯所在的公司一样，许多公司一年中只会有一两次有关绩效考核和职业发展的讨论。紧迫的年终最后期限（更别提每年 12 月在常见的业务量下降的情况下还要放假了），几乎没有为有意义的讨论预留出所需的准备时间。相反，经理和员工之间发生的谈话经常让人感到压迫、为难，并且总是进行得很仓促。

我们人为地为员工的工作业绩编排名次。许多公司一直要求他们的经理在评估员工绩效时使用一种“员工评级”系统。假设你管理着一支由 10 个人组成的团队，即使大多数人的工作表现都很好，你还得这样做。你还是只能将两名员工评为“优秀”，三名员工评为“良好”，另外三名评为“中等”，而且必须有两名员工“需要改进”（这是“你最好多加努力，要不然就会被扫地出门”的委婉表达）。

“钟形曲线系统真正代表的是一种半满的杯子的心智状态，”全球领先的伤残保险公司尤纳姆集团人力资源部副总裁彼得·麦克唐纳说，“对于那些被评定为‘需要改进’的员工，他们在工作中所有好的方面都被忽略了，或是不被强调。这预示着后面的工作就是为了自我实现。而那些被评为‘优秀’和‘良好’的员工，则得到了很多的实惠、积极的反馈，还有称心如意的工作安排。”

想象假如你是一名员工，在整整一年的时间里努力工作，到头来却发现你不能得到最高的绩效考核评级，而这只是因为一些武断过时的评级系统。你觉得这会对你的敬业度产生怎样的影响？在一家《财富》“世界100强”的科技公司里，在职和已离职的雇员，在接受采访时都以“员工评级制度”为例，来说明“最具破坏力的流程……就是导致无数雇员离职的流程”。甚至管理这一整套流程的人力资源部门领导都认为，员工评级制度一定会破产。2012年由人力资源管理协会组织的一项研究显示，45%的人力资源部门领导认为，每年的员工绩效考核并不是一项准确的评估员工绩效的方式。

我们放大缺点。“我收到的积极反馈要比消极反馈少。”我们的一位客户肯说，他提到和一名雇员在一次员工绩效考核时的谈话场景仍然时常萦绕心头，“无论我多么尽力地要把那次讨论引导回她所取得的成绩上，她都执意要讨论我认为她需要改进的方面。”

“在绩效考核中，我的主管经理只用了最初几分钟，强调了我去年在工作中做得好的方面，”一家大型医疗保险公司的业务分析员肖恩说，“他用剩下的所有时间，聚焦在几个月前发生的事情上，吹毛求疵。”谈话结束时，肖恩非但没有受到鼓舞，反而感到垂头丧气，十分消沉。

这还是在第四章中曾提到过的消极偏见，它鲜活且完整地呈现在绩效考核阶段。许多经理和员工都会做出类似的选择，要么不去强调所取得的成绩，要么对取得的成绩大打折扣，反而对不足之处过度关注。

在针对员工哪些方面能得到自身发展的讨论这一点上，消极偏见也同样露出了它丑恶的面目。我们不必费力寻找，本身就有活生生的例子。

玛格丽特在一家大型金融服务公司的培训和发展部门工作。她设计和发起的团队建设课程给公司内部客户的业务发展带来了提升，每年她都会因此收到他们授予的嘉奖。但每一年，在她的个人发展计划中，一定会出现下面这句话："玛格丽特将因参加'保险行业金融学基础'的课程而获益。"

"在自己负责的业务方面，我已经掌握了足够的实用知识，"玛格丽特说，"一想到要连续 6 周，每天都坐在那里熬过 2 个小时的课程，我就会突然冒出一身冷汗。在三个连续的绩效考核周期内，我都成功地回避了这种消耗精力的工作。"

玛格丽特的经理，和大多数经理一样，到现在也不明白，她的个人发展包含所有事情，除了填写表格。她不明白，假如玛格丽特能进一步发挥自己的优势，也就是更多地学习有关团队建设的内容，公司和玛格丽特都将获益。最终发生了什么呢？

玛格丽特离开了这家公司，创办了她自己的咨询业务。16年以后，她继续在金融服务行业提供咨询服务，而“保险行业金融学基础”这门课程，已毫无意义。

思考如何激励员工，而不是如何评估员工

我们总是认为绩效考核的主要目的是评估绩效。我们常常忽略的一点是，绩效考核是一个极好的激励你的团队为来年做准备的机会。我们要考虑的是如何激励员工，而不是如何评估员工！令人遗憾的是，这样的谈话也可能有副作用。员工在绩效考核后往往并没有感到备受鼓舞，而主管经理也常常感到沮丧。许多创新型企业已经停止了绩效考核。斯坦福大学管理学院的教授罗伯特·萨顿认为，绩效考核“大多数都是糟糕透顶的”。“假如你和员工定期

交谈，并且让他们知道自己目前所处的位置，那么绩效考核可能就没有必要了。”

在本章，我们将向你展示积极心理学的一些研究成果，这样，你就能将那些每年例行的会议转换成有意义的谈话：多关注优势，但也不要忽略弱点；不要制定过于简单且模糊不清的目标；要预估绩效，而不仅仅是评估绩效；和员工友好地聊聊天，不要总是责骂他们。

1. 多关注优势，但也不要忽略弱点

涉及绩效和发展规划的讨论时，大多数计划仍然围绕着“机会区域”，“机会区域”是“弱点”的委婉表达。大部分的培训资金都被持续地用在填补员工绩效的缺口方面。我们并不是反对个人发展。为了胜任或改进当前及以后可能要面对的工作，假如员工在他需要提升或获得的技能方面出现了偏差，那就需要通过培训、训练或者教导来解决。但想象一下经理询问员工要如何利用自己的优势来促进个人发展的场景。在一项由美国企业领导力协会组织，针对来自 29 个国家超过 2 万名雇员进行的研究中，研究人员发

现关注员工的优势能够使绩效提升 36 个百分点。

很明显，经理的角色就是帮助员工提高业绩，并能够在他们的职业生涯中得到持续的成长和发展。我们并不是鼓吹应该跳过或者忽视弱点。其实纽约大学斯特恩商学院的教授乔纳森·海德，曾经想找出那些基于自身优势工作的雇员与为了弥补自身弱点而工作的雇员之间，有什么差别。海德教授发现，从事与自身优势相关工作的员工与那些从事与自身弱点相关工作的员工相比，并没有任何额外的生理、心理或者情绪健康方面的获益。这一发现让积极心理学界惊讶不已。他发现两者唯一的区别就是：从事基于自身优势相关工作的员工工作时更加愉悦。

简而言之，会对成功产生阻碍的弱点，仍然应该在工作和生活中设法克服。我们所宣扬的，是要用更多的时间和你的员工讨论哪些方面做得很好，以及他们要在以后几周或几个月的时间里，如何用一些全新的方式去利用自身优势。

“玛格丽特在汉诺威公司进行的研究发现，那些更关注员工优势的经理所领导的团队绩效水平更高。”格雷格·特兰特说，他是这家公司的执行副总裁、首席信息官和首席运营官，“看到这个研究结果，我们在此后的时间里，改变了绩效管理流程，包括更多地强调在员工个人发展计划中去利用和发挥他们自身的优势。”

使用同样的术语

在第六章，我们向你展示了如何帮助你的员工发现他们自身的优势。现在你可以在写员工绩效评估时，通过使用确切的体现优势的语言，将员工优势的概念置于第一位。我们的客户卡罗琳，在为她手下的项目领导安写绩效评估时，就是这样做的。她使用了《盖洛普优势识别器 2.0》一书中提倡的语言。请注意她是如何使用体现优势的语言，去强调安已经取得的成绩和她在未来几个月里需要改进的地方：

> 安，你为成就优势赋予了新的意义：你始终保持专注，努力工作，并且兑现了所有承诺，而且经常提前完成。通过不断学习，你具备了战略性的眼光并且充满了活力。在同一级别的项目领导中，你的表现非

常好，并且为如何更好地发展业务，提出了经过深思熟虑的想法。请继续保持学习新事物这一优势，增进你对新业务流程的了解。

不要忽略弱点，但也不要过分关注。假如你的一名雇员想要直接跳过他做得好的方面，然后去努力纠正自己的不足之处，那么先让他缓一缓。要确保他真正认可自己的优势以及所取得的成绩。

不要外包，要众包绩效考核

最后，不要忘了从同事、业务合作伙伴和客户那里定期征集反馈信息，要对员工取得的成绩、优势以及需要改进的方面有一个更加清晰的认识。“众包你的绩效考核。”Globoforce公司的创始人兼首席执行官，也是《利用认可文化取胜》（*Winning With a Culture of Recognition*）一书的合著者埃里克·莫斯利说。众包采用的是基于群体智慧的研究成果，它的原则是什么呢？“一群能独立做出决定的个人，更有可能比单独一个人做出更好的决定和更准确的观察。”

有些公司，比如火狐浏览器开发者莫斯拉公司和大丰收面包公司，就在采用社交媒体类型的方案，来收集员工如何执行目标的实时反馈。假如你已经做好准备要踊跃参与到众包反馈的潮流中，有许多创新型的公司都会收集实时反馈，这就会使每年一度的绩效考核被淘汰。

虽然绩效考核这个术语使人想到的是对过去的评估，但它也可以用来讨论未来计划。接下来，我们来看看设定目标有什么作用，以及为什么你应该设定较难达成的目标。

2. 不要制定过于简单且模糊不清的目标

阅读完第一章后，你已经明白培养积极的习惯要比仅仅设定目标更有效。记得“同样的时间，同样的地点”吗？假如将目标转化成习惯，你将能更快地实现目标，但这是假定你已经设定了一个目标。不要仅仅局限于评估员工的绩效。利用这个时间去设置一些新的目标，但应该怎么做呢？

在第六章中，我们已经知道为什么具体的反馈比诸如“做得很好”这类泛泛的反馈，更能促进员工发挥出最佳水平。具体化的概念也同样适用于如何才能最好地设定并实现来年的目标。困难且具体的目标，比简单模糊的目标或者没有目标，更能显著地导向更高的工作绩效。设定了困难的目标时，我们就会尽自己的最大努力。在商业社会，我们经常称此为“张力目标”。

“具有挑战性的目标，能够触发对所取得成绩的自豪感。”多伦多大学罗特曼管理学院的目标研究员加里·莱瑟姆说。在对职业范围囊括伐木工到工程师的能力接近的劳动者进行多次研究后，结果表明，那些设定了具备挑战性且具体的目标的人取得了更好的成绩。

我们的一位客户莉萨有一天来寻求指导，她的运营经理的工作表现没有达到她的要求，这使她非常沮丧。“现在已经是 2 月底了，而我们的进度还滞后于计划。我认为到目前为止，我们应该在至少两处分公司里面完成流程改造。现在的状况，真的已经开始影响我们的服务水平了。”

“他的目标是什么？”我们询问说。

“我们在今年年初的时候，就所有分公司要在 6 月 1 日之前完成新的流程改造一事达成了一致，员工培训也包含在内。”

我们指导莉萨，如何与她的运营经理合作，以发展出一个更具体的、每两周能完成一个里程碑事件的目标。

记住，我们在设定那些模糊不清的目标时，比如告诉员工要“尽最大努力”，会无意间削弱他们的努力程度。我们和员工一起设立具体的目标，员工才能明白高效的工作表现是什么样子，这样一来，后期如果需要提供建设性的反馈意见，他们也会变得更加容易。

什么时候应该鼓励员工“尽最大努力”

当员工在接受一项新工作或新任务时，可以让他们尽最大努力做到最好，而不需要设定一个具体的具有挑战性的目标。这是因为在学习一项新的工作任务时，我们若告诉自己只要尽力即可，对于失败的恐惧就会降至最低。还记得第二章中提到的学习者心态吗？

设定具体明确而又难以实现的目标是展望未来的一项练习。你可以把这种未来导向的方法运用在改变令人讨厌的绩效考核上。该如何做呢？接着往下读。

3. 预估绩效，而不仅仅是评估绩效

绩效考核，顾名思义，传统上是指我们回顾一名员工在某段时间内所取得的成绩。但是，想象一下，能否利用绩效考核去预估绩效，并且为来年取得成功创造一些条件。专业运动员已经应用这种预估或心理演练技巧好多年了。

运动心理学家训练运动员去想象一场成功的游戏、比赛、赛跑或者挥杆。你可以和你的员工一起，应用相同的训练。下面是训练方法：

从传统心理学中我们了解到，将过去发生的痛苦事件写下来，能够帮助人们克服他们的负面经历。现在从积极心理学中我们知道，把你希望在未来完成的愿望写出来，是增强幸福感和生活满意度的一个强有力的工具。密苏里大学心理学家劳拉·金发现，将你希望达成的愿望写下来，会增强你对未来的积极感受，增强你对自己的信念，并且最终通向自我实现之路。

展望未来，而不是回顾过去

想象一下，假如我们让员工用一种他们已经实现这些目标的视角，为即将到来的一年写下他们的目标会有什么作用。这就是我们的客户、尤那姆集团的首席信息官凯茜·欧文采用的方式：

"目标通常特别模糊并且只是泛泛而谈。我决定让每位员工用一种将来的视角，写下他们的目标，'想象一下现在就是一年以后，而你正在写你的绩效回顾。那时你对自己已经取得的成绩会做何表述？'这样做之后，所取得的效果让人惊叹。"

但只是想象成功是不够的。你必须让你的员工想象他们在来年要如何获得一份不错的考核成绩。在学校的期中考试之前，加州大学洛杉矶分校的两位心理学家谢利·泰勒和利恩·彭让本科生去想象要在考试中取得好成绩的学习方法（好的学习习惯），抑或自己所期待的考试结果（获得不错的分数）。那些想象能实际使用的学习方法的学生，比那些仅仅去想象取得好分数的学生，在考试中取得的成绩更好。所以不要仅仅让你的员工以将来的角度去想象并写出他们的目标和所取得的成绩，也要让他们去描绘应该具体做到哪些事情，这样才能够实现积极的愿景。

遗憾的是，无论是对经理还是员工，绩效考核仍会带来许多痛苦。这感觉就像是面临一场巨大的、沉重的、一年一度的职业变动。你不必像对待任何其他的深度交谈那样对待绩效考核。

4. 和员工友好地聊聊天，不要总是责骂他们

通过重新整合你看待绩效考核的方式，可以使它看上去不那么痛苦。将绩效考核会议看作一次谈话，而不是一件你必须给予指导的事情。假如你和员工之间只在一个常规的基础上讨论绩效，那些年中或年末的评估应该只是简单地对你们已经讨论过的内容进行重述。与间隔时间较久的反馈相比，频繁的反馈已经被一次又一次地证明更为有效。你应该多长时间进行一次反馈呢——每天、每周、每月或是每个季度？这可以简单地通过比对员工的经验值与目标所呈现出的挑战值来决定。目标的挑战值越高，员工的经验值越少，你给出的反馈就应越频繁。还记得在第

六章我们向你介绍的心流模型吗？那个原则同样适用在这里。

惊喜并不受欢迎

在我们合作的一些企业中，有一条“没有惊喜”的规定，意思就是指经理不能在年底评估中，提出任何与绩效相关但还没有与员工讨论过的事情。这条规定清楚地表明经理有责任去了解并解决他们所提出的问题，而不只是等着一份正式的绩效考核，然后和员工反复讨论。

客户向我们提问最多的一个问题是，“我该如何给出一些棘手的绩效反馈，而且不会影响士气？”做出棘手的绩效反馈并不容易，即使对于我们当中最有技巧的人来说也是如此，因为我们永远不能十分确信，这个人对反馈会做何反应。

兰登的一名雇员格蕾丝工作业绩非常好，但并不合群。她能够独立完成自己的工作，但在兰登收集的同事反馈中，他了解到当团队同事的工作遇到问题时，她并没有向他们提供帮助。兰登和格蕾丝每季度一次的绩效回顾时间马上就要到了。他担心假如提出这个问题，格蕾丝可能会觉得被冒犯了。我们对兰登如何将这次绩效回顾转变成一场对话给予了指导。

“格蕾丝，我对你的工作质量和工作效率印象非常深刻。我总是从你的内部客户那里收到有关你如何快速处理他们需求的积极反馈。你是这个团队中最具经验的员工之一，而且假如你可以给团队其他成员腾出更多时间的话，别人也能从你这里学到很多。我们有两位新来的员工凯文和阿塞亚，假如你能够与他们分享你对我们系统的全面知识，真的可以使他们获益良多。”

兰登继续解释说，对这个系统了解得越多，就越能够使这两名新员工具备他们所需的自信去回答客户的问题，而且不用总是因为他们自己的问题而打断客户：“想象一下凯文和阿塞亚能够自己处理95%的呼叫工作的情形。”

起初格蕾丝坚持说：“我真的是忙于自己的工作，所以没有时间去帮助他们。”

这时兰登变得好奇起来：“那么，在不影响你自己工作的前提下，你能够做些什么呢？”

“我可以尝试在每周五的早上抽出30分钟的时间和他

们一起回顾最常见的客户询问。我们知道那个时间段电话呼叫量最低。”

“我敢打赌，在四周之内你就可以帮助凯文和阿塞亚建立起他们的知识体系，使他们能够自己处理大部分的呼叫工作。”

兰登并没有因为格蕾丝没有帮助自己的同事而斥责她，反而是和她进行了一场对话。两周后，兰登特别针对格蕾丝为这个团队所做的努力表达了认可：

“格蕾丝，我注意到在过去两周内，凯文和阿塞亚一天中只有一到两次因为客户的问题来找我。告诉我，你注意到了什么？你认为他们还需要学习什么？你能够如何帮助他们？”

兰登已经成功地在没有破坏团队士气的情况下，完成了一次棘手的绩效反馈。额外的收获是什么呢？格蕾丝、凯文和阿塞亚表现得更像一个团队了。

关键点总结

你和你的团队成员不必厌烦绩效考核。重新整合你看待绩效考核的视角。将绩效考核看作重新激励员工而非去评估他们的时机。确切地说，按照以下几点进行：

- **多关注优势，但也不要忽略弱点。**在写绩效考核和对其进行讨论的时候使用能体现优势的语言。务必要识别使员工能够更进一步发挥自身优势的方法。记住，不要忽略弱项，但也不要将所有的关注点都放在那里。
- **不要制定过于简单且模糊不清的目标。**无论目标是由员工自己设定的，还是你安排的，或者是用一种更具民主参与性的方式共同设定的，具体且具挑战性的目标能够激励员工努力工作。记住，员工会达到我们的期望。周期性地评估目标，而不是一年一次。
- **预估绩效，而不仅仅是评估绩效。**请你的员工不要只是回顾他们的绩效，而是要提前在年初预估绩效。让他们想象现在就是一年以后，你在和他们一起开会讨论过去一年的工作表现。请他们想象成功的一年是什么样的，要实现这个愿景，什么事是他们特别要做的。不仅要让员工思考来年的成功，还要让他们写下来，以保证能够按照既定的目标进行。

- **和员工友好地聊聊天，不要总是责骂他们。** 不要"指导"绩效考核，将它转变成一次交谈。

就像伟大的运动员教练那样，公司领导能对员工工作表现产生影响，程度可能比他们认识到的更深。一年一度的绩效考核，要么转化成更频繁更有意义的对话，要么就将绩效考核全部丢掉。更多有关如何为绩效考核做准备的信息，请访问我们的网站：www.ProfitFromThePositive.com。

需要思考的问题

读完本章后，问问自己下面这些问题：

1. 涉及考核绩效和员工激励时，我做的哪些事情是对的？

2. 我应该多久和员工交谈一次，来讨论他们的工作业绩和发展计划？

3. 我一直在回避棘手的绩效反馈吗？处理这个问题更好的方式是什么？

4. 在为绩效讨论做准备的过程中，我今天应该如何收集反馈信息，还需要做些别的什么事情往前推动？

5. 我在今年要使用的一个设定目标的新方法是什么？

6. 我如何能够影响公司人力资源部门的惯常做法？

7. 有关为员工提供绩效反馈和激励员工的方式，我能做的一个小小的改变是什么？

第八章
会议：从能量破坏力到能量增强剂

“我几乎生活在会议中。从早上到达办公室的那一刻开始，一直到离开，我往返于一个接一个的会议中。甚至有时已经有更多的会议被提前预订。我连仅仅用来思考的时间都没有。”我们的客户格洛丽亚说道，她是一家《财富》“世界200强”公司应用程序开发部门的副总裁。

格洛丽亚负责按时在预算内完成高质量的IT项目。她和她的团队必须与业务分析师、程序员和架构师一起紧密合作，为客户提供解决方案。因此，她主持并且参与了许多会议。假如格洛丽亚让10个人参加一个时长为1小时的会议，那一共就是10个小时，而这些时间本可以用来处理积压的工作，服务客户，推动项目进度，或者开发下一个新产品。

在过去为许多机构工作和提供咨询的经历中，我们发现关于会议往往有三个问题：会议太多，没有成效，与会人员不参与讨论。

会议太多。你今天一共有多少个会议，包括电话会议？有一组数据显示，在美国每天要召开1 100万场会议。我们合作的一家《财富》“世界100强”的医疗保健公司报告称，花在视频和电话会议上的时间一共有35万小时。你可能在想，这个小时数并没有那么可怕，因为这是一家大公司。但事实是，你认为值得花费在会议上的这35万个小时，发生在仅仅一个月的时间内。正是这家公司，曾鼓励员工去承担“10%的挑战”来减少用在会议上的时间。

美国国家统计局报告称，人们用在会议上的时间占到其工作时间的37%。另一份报告根据公司规模计算了用于会议的时间：在大型公司任职的经理，用来准备会议、参加会议以及跟踪会议后续问题的时间占他们全部工作时间的75%；而在小型公司任职的经理，在会议上花费的时间约占他们全部工作时间的10%。

没有成效。许多会议是没有成效的，然而由于所消耗的时间，这些会议的成本相当高昂。两组研究人员测量了会议的效率：第一组以时间为标准，另一组以成本为标准。第一组发现会议中有 50%的时间都被浪费了。第二组将在会议中损失的时间转化为金钱：这些每年被浪费的时间价值 370 亿美元，而这只是在美国。这些巨额数字，说明了什么问题呢？精简、彻底变革或者取消一些会议，能为你的公司省下一大笔钱。其中一个问题是，60 分钟的会议时间，是人为规定的标准，但这个时长却很少受到质疑。没有任何证据表明，持续一个小时的会议要比那些为时 15 分钟、30 分钟或者 45 分钟的会议更为有效。

另一个问题是，在会议中很少能做出任何决定。我们一直说呀说呀，还要再进行一些讨论，然后当时间满一个小时后，会议突然结束。参会人员通常都会急忙奔赴下一场会议，几乎没有留下时间去阐明任何决定、下一步的工作安排，或是达成推动项目前进的承诺。遗憾的是，在谈及大多数会议都有的低效率问题时，我们不得不搬出《伊索寓言》中的描述：一切准备就绪之后，还有更多需要去做的。

与会人员不参与讨论。“我们的某些会议变成了抱怨的时间，”格洛丽亚继续解释道，“当然与其他的会议相比，有些会议更有成效，但有时让每个人都参与会议讨论并贡献自己的想法，就像拔牙那样困难和棘手。”

许多会议召开是出于获得并交流信息的目的。在这种情况下，发送电子邮件可能更好。当我们将人们聚集到一起时，参与讨论的往往就是几个性格外向的人。我们也倾向于假设，如果每个人都出席会议，所有与会人员一定会专注且积极聆听。大错特错！假如人们没有参与到会议讨论中，那他们往往都是走神了（因此他们会在笔记本电脑上处理业务）。召开电话会议时，人们的参与程度甚至可能更低。还记得在第一章中提到的埃迪吗？当他的手机处于静音状态时，他在做什么？

无论你从事何种职业，工作周中有相当一部分的时间都被用来准备、参加或者主持会议。因此，假如我们没有提供一些实际的、无成本的方法来改善这种会议局面，那就是我们失职。我们假定你已经或者将要编制一份会议清单，并且要缩短、去掉一些会议，或者有可能的话，派其他人代替你参加会议。我们也假定你已经在会议中采取了一些举措，比如说提前提供一份会议议程和相关文件，按时召开并结束会议，并且在会后，就一些关键的行动举措或者决定进行提炼并沟通。除此之外，还能做些什么呢？

在本章，你将学到一些如何消灭那些不仅浪费时间、金钱而且耗费精力的“会议疯狂征”的方法：第一，通过使用魔法数值，避免将下一次会议变成一段抱怨的时间；第二，在下次会议中，学会用峰终定律（peak-end rule）激发会议中的能量；第三，学会使整个团队通力合作。

1. 以积极的氛围启动会议

会议桌前或参加电话会议的每个人情绪都很好，很专注，并且能够说出他们对会议议程的最佳构想，这种假定是不现实的。实际上，91%的参会人员承认在会议期间会走神。此外，他们可能刚刚从一位愤怒的客户的电话中解脱，或是刚刚熬过三场一个比一个无聊的会议，抑或是在处理一个紧急的问题。

启动会议的方式的确很关键。我们都知道破冰游戏：那些活动主持人有时会让我们做一些游戏，彼此熟悉一下。但你可能不知道的是，在一个积极的氛围中启动一场会议，真的能够使你的团队说出他们最好的想法。北卡罗来纳大学的心理学家芭芭拉·弗雷德里克森已经发现，积极的情绪，比如热情和兴趣，有两项功能：拓展思维和建构心理资本。

依靠心理资本

正如企业有库存和实物资本一样，人有心理资本。这是指人们用来应对各种困难境遇的情绪储备。这个概念是弗雷德里克森有关积极情绪的“扩展—建构理论”的一部分。心理学家已经针对诸如愤怒、悲伤和恐惧的负面情绪研究了几十年，但只在最近大约10年中，他们才开始研究积极情绪。弗雷德里克森研究发现，人们通常能够通过积极的情绪体验，比如因工作完成得很好而得到认可或是谈论他们的成就，来建构自己的心理资本。当我们处于良好的情绪中时，我们会更加开放地对待可能性，更具有创造力，并且在遇到困境的时候，内心充满能量。

另一位研究人员马西亚尔·洛萨达研究发现，高效团队与低效团队的区别在于：积极评价和消极评价的比值不同。洛萨达和他的研究员观察了60个企业团队在战略规划会议中的表现。研究人员追踪了团队成员使用的词语，用支持或者批评作为标记来记录，以此得出每一组的比值。

洛萨达想知道，一个团队的积极评价和消极评价的比值，与这个团队所取得的成绩之间是否有关联。他发现，最高效的团队，积极评价与消极评价之间的比值是3∶1，即每3次积极情绪表达对应1次消极情绪表达。想一想你最近的一次团队会议的状况。积极评价与消极评价之间的比值是多少？

假如你直觉很好，你也许能够感受到会议的氛围是消极还是积极的。假如你更加擅长分析，在下一次会议中，拿出一张纸，在纸的中间画一条线。在一边标上“积极的”，在另一边标上“消极的”。在每个人说出自己想法的时候，在对应的标记栏中打钩。假如这场讨论偏向消极，在对话过程下一次的自然间隔中，进行干预。

保持在洛萨达区

洛萨达区指的是一种健康的人际关系概念，在这种关系中，积极互动和消极互动的比值在

3∶1~12∶1。当积极评价与消极评价的比值低于3时会发生什么呢？那感觉会非常糟糕，因为你感觉受到了批评。人际关系会变得不正常。相反，当积极评价和消极评价的比值高于12时，往往会出现什么情况呢？这会让人感觉很不真实，因为人们很可能在避免冲突。人际关系也可能会显得很虚伪。

魔法比例没有魔法

有许多方法可以为会议创造一个氛围热烈的开始。你可以问一个积极的问题，对一个人或是团队的努力表示认可，或者讲一个搞笑有趣的故事。当我们将这些主意提供给客户时，他们提出了一个反对意见，“我们如何能够在不浪费宝贵时间的前提下，做到这点呢？”很简单。你要在迫不及待地开始会议议程之前，即使是一个充满挑战的议程，也要花上几分钟时间去问一个积极的问题，或提出一个积极的提议。记住，并不是每一个人都必须大声地分享他的答案。事实上，假如每个人都这样做，反而可能会占用太多的时间。最终，你可以让自己解放出来，让每个人轮流想出一个提议，以此来探寻你团队的创造力。

我们的客户亨特，在一家《财富》“世界100强”公司负责一个金融小组，他是这样开始每周的员工例会的：“告诉我自上周开完会之后，发生在你身上的最好的一件事情。”这个提议在小组中产生的效果极具感染力。当有2~3个人分享了他们的答案时，那些走进会议室时还感觉麻烦缠身的人，顿时捕捉到了其中积极的氛围（还记得第三章中提到的喷嚏效应吗？）。

很多领导者，尤其是在比如金融、IT和工程这些技术领域的领导者，经常对用一个积极的问题开始一场会议持怀疑态度。尝试几次，留意你的团队能量发生了什么变化。

但是，会议并不总是会按照我们希望的方式进行。实际上，有时可能在一开始就非常糟糕，即使像我们这样的会议主持人也是如此。玛格丽特和一个IT团队一起工作，负责实施一套价值几百万美元的系统。为了让会议有一个积极的开始，她让整个团队成员考虑在过去6个月中发生的事情，以此启动会议：“从我上次和你们一起工作之后到现在，你们都取得了哪些成绩？”

这个提议并没有按照玛格丽特计划的那样进行。第一名团队成员说：“我想我们做得还不错。”接着下一个成员略失望地说：“肯定需要一些改进，提高效率。”然后另外三个人继续解释了这个项目中一些进度滞后的问题。在这次会议中，积极的能量像一个被戳破的气球一样消散，它在会议室里只存在了一杯咖啡的时间。

随后，团队成员库马尔说：“考虑到这个项目如此大的规模和我们所面临的挑战，我们还是完成了大量的工作。”他接着举例证明了团队已经取得的成绩。

玛格丽特当即决定，这是一个尝试不同方法的机会。“我建议我们先别忙着回答问题，我向大家介绍一个新的概念，我认为这会让我们今天的讨论更有成效。”她解释了这个 3：1 的魔法比值，继续说：“在过去 10 分钟，我们经历的是一个 1：5 的比值，即 1 个积极的评价对应 5 个消极的评价。我在这儿并不是说要停止批评，我只不过是想要确保，我们强调的是那些做得正确的事情。能重来一遍吗？”

小礼物和音乐能做的事

还有一个能改善人们的心情并使他们更有效地解决问题的方法，就是送他们一个小礼物。在一项研究中，请三组医生来做一个复杂的肝脏诊断。在做出诊断之前，第一组医生被要求阅读医学专业的伦理规范；第二组医生收到了一份表达感激之情的小礼物（一颗糖果），可以稍后享用；第三组医生没有被要求做任何事情，也未收到任何礼物。结果怎样呢？收到小礼物的那组医生，对这个复杂的肝脏诊断的准确率比其他两组的医生高出了两倍。

这说明什么呢？送人一个小礼物，可以使他们心情愉悦，这实际上会提高人们解决问题的能力。在会议开始的时候，给大家发一个健康的小零食或者一个不贵的小礼物（这个礼物可以只是在索引卡上写一句简单有趣的引言），观察接着会发生什么。但我们偶尔也要实际些。并不是在你所主持的每个会议中，都要提供一份小礼物。在最能起到积极效果的场合送出小礼物。

此外，音乐对人们心理产生的积极效果，比如改善人的心情和减少疲惫感，在运动和健身领域都有翔实的记录。

同样的益处也适用于会议。对于那些需要花上一些时间让人员就座的大型团体会议，音乐尤其有效。在人们进入房间时，播放一些愉快的音乐。当音乐停止，就是在暗示参会团体，会议马上就要开始了。在会议的间歇和结束时，也要播放音乐。

现在，你知道如何以一个积极的氛围启动会议了，但不让会议草草收场也同等重要。

2. 练习峰终定律

普林斯顿大学的心理学家和诺贝尔经济学奖获得者丹尼尔·卡尼曼进行了一系列的研究，去了解人们如何评估过去的经历。卡尼曼和他的同事发现，人们会使用一种心理捷径去回忆过往事件。人们在回想记忆中的体验时，只记得高峰期和结束时的体验。心理学家称此为“峰终定律”，正如下页图所示，它的工作原理是这样的：

假设你和一个同事参加了一个为期两天的会议。你们都听了一场由顶级专家做的演讲，而且你们对这个主题都渴望了解更多（高峰）。但在最后一天，你们分别去了不同

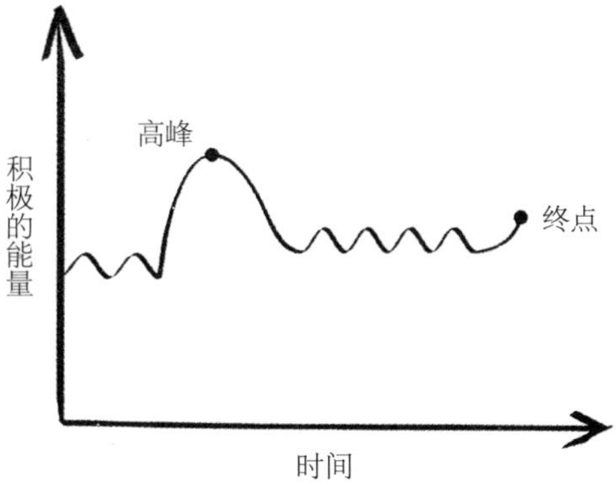

峰终定律示意图

的分会场（终点）。你挑选的那场十分令人失望。演讲者很无趣，而且所讲的内容和你的业务没有任何关联。相反，你的同事参加的那个分会，演讲者充满活力，并且演讲的内容和他的业务也是息息相关的。当人们问到“会议怎样”时，你的反应不太热烈，而你的同事则大加赞赏。

让我们将峰终定律应用到该如何使你的会议发挥最大功效上面。你可能在会议中有一个自然的高峰：在某一阶段，会议的活力达到最高点。这时你可以通过应用在启动会议时采用的技巧，比如问一个积极的问题，来创造一个愉快的结尾，这能够激励人们采取行动。

我们的客户曾经对此感到怀疑：“当人们都急着参加

下一场会议时，我怎样才能在一个积极的氛围中结束会议呢？”

让我们来看看第二章中提到的奇普·康利如何在最艰难的时刻，使生活乐趣酒店集团执行委员会的会议发生彻底转变的。那是在2002年，那场委员会会议让人感到十分沮丧。会议的议程主要是讨论如何在糟糕的经济形势下维持公司的运转，以及要在哪些方面节省开支。康利决定，是时候打破这种恶性循环了。在下一场委员会会议中，他下定决心要尝试一些不同的做法。

“在这场两小时会议的最后10分钟，我想讲一个积极的故事，提醒自己为什么要留在这个行业中。它不会打断这场会议，反而会使会议在一个积极的氛围中结束。”康利告诉我们。他讲道，一名酒店员工做了远远超出自己职责范围的事情，也为一位客户做了一件很棒的事情。第二天，有三位经理讲述了类似的故事。雪球效应开始起作用。

关于结束：用于总结会议的问题

不要让你的会议草草收场。通过提出这些问题来实践峰终定律：

- 你发现最有效或者最具价值的事情是什么？
- 让你感到最兴奋的事是什么？
- 在公司里，你想对谁表达敬意？

现在，你已经知道如何以一个积极的氛围启动会议，并且确保会议不会草草收场，这儿还有一个工具，可用于将会议从能量破坏力转变成能量增强剂。

3. 使你的整个团队通力合作

绝大多数（92%）的参会人员相信，会议可以成为一个贡献想法的绝佳场合。那为什么会议通常都达不到这个目的呢？也许你没有鼓励或者期待团队中的每一位成员都参与进来。让我们来看看，你如何能够在下一次会议中，使整个团队通力合作。

还记得想出了魔法比例的洛萨达吗？还是在同样的研究中，他发现了另外一个推动团队业绩的因素。他发现在高效团队中，员工提出的问题与分享的信息之间的比例是 1∶1。

想想你这周所参加的会议吧。这些会议要么只是一些人发言时提各种问题，其他人却默不作声。要么由主持人规定，与会者按顺序发言。更糟糕的情况是，会议只是主持人或者某个特别的参会人员喋喋不休。这样的会议很有可能没有任何成效。

而你想要努力争取的是使提出问题和说出看法之间的比例达到 1∶1。确保使你的团队通力合作，并且记录每个人的参与程度，直到你和你的团队找到了窍门。

让人们开口讲话或是闭嘴，对任何一位会议主持人来说，都是一个挑战。若团队中有一些或者全部成员都在偏远地区，而且你必须依赖视频或电话会议时，这样做会变得格外困难。你能做什么呢？在会议开始之前，拿出一张纸，在纸上画一个圆圈代表会议圆桌。在圆桌的周围画小圆圈代表参会人员，包括那些在电话那头的人，正如下图那样。用参会人员的名字或姓名首字母来标记每一个小圆圈。每一个人在发言的时候，在他的名字旁做一个标记。假如某个人总是在打断他人的发言，先对他的观点表示认可，然后继续征求其他人的意见和看法。

“我们开了 20 分钟的会了，但我只是一遍又一遍地听

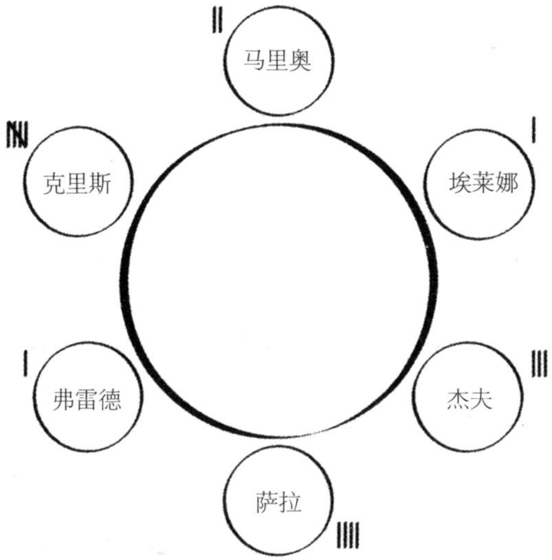

记录会议人员参与发言情况

到那两个人在讲话，其他人几乎没有发言。”我们的一位客户帕特里夏说，她是一家初创的医疗设备公司的首席执行官。

她怀疑电话那头的参会人员将电话调成了静音，并且很可能在忙着处理邮件。帕特里夏需要她的团队全部参与进来，确保他们按照从现在到年底的优先等级处理事情。“我能做些什么让每个人都参与进来呢？”帕特里夏问我们。

“简单地将均衡全面的参与作为明确的会议规则，”我们建议，“告诉每一个人，你并不需要一个超级巨星，你想要整个团队通力合作。然后在一个记分板上记录每个人的参与情况，直到习惯成自然。”

有关会议的最后一个注意事项

你若是会议的主持人，实施上面三个要点是比较容易的。但是更多时候，你也只是他人主持的会议的参与者，这个会议可能是你的老板或者商业合作伙伴召开的。在这种情形下，你能做些什么呢？

为你自己做一个记分牌。记录与其他人相比，自己贡献想法的频率是多少。确保在会议时发表自己的观点，但也不要操控整场对话。

关键点总结

许多会议是没有成效的，但这样的情况其实可以改变。想象人们实际上是期待参加你的会议，而不是害怕参加。要提高参与度，除了要为你的会议准备一个议程，还要注意下面这三点易于实施的要素：

- **以积极的氛围启动会议。**以一个积极的开场来启动会议，能够提高团队的创造力和创新能力。你可以问一个积极的问题，认可一项成绩，承认一个团队的成功，讲一个有趣的故事，或者提供一份小礼物。记住，高效团队拥有 3∶1 的魔法比例，即 3 个积极反馈对应 1 个消极反馈。
- **练习峰终定律。**不要让你的会议草草收场。人们会记住结尾时的体验。在会议议程中留出一些时间来总结会议，重申接下来的工作安排，并以一个积极的氛围结束会议。

- **使你的整个团队通力合作。**要特别关注在你的会议中，提出的问题和分享的信息之间的比例是多少。记住，高效团队也有一个1：1的比例：在提出问题和提供建议之间有一个平衡。

无论你的会议是每个人都到场参与，还是通过电话或者视频，上述这些实用的工具都适用。其实，关注你如何启动和结束一场会议，并追踪每个人的参与度，在虚拟的环境下可能更为重要，因为这样的会议没有即时和直接的反馈优势。

需要思考的问题

读完本章后，问问自己下面这些问题：

1. 为召开有成效的会议，我正在做的正确的事情是什么？

2. 我如何评定自己今天的积极评价与消极评价的比值？

3. 我能做些什么，可以使团队中那些比较沉默的成员愿意发声？

4. 有没有一些会议，可以压缩时间，或是减少频率，或者全部取消？

5. 我如何在一个积极的氛围中启动并结束下一场由自己主持的会议？

6. 在哪些会议中，我可以考虑提供一份小礼物？

7. 在那些由他人主持的会议中，我能够做些什么对会议产生积极的影响？

8. 为使我所主持的会议更有效率，我能够采取的一个小小的改变是什么？

第3部分 将前两部分整合在一起

到目前为止，我们已经提供了31个小工具，用于提高生产力以及改善你的企业。你可能已经开始将其中的一些技巧付诸实践。在最后一部分，我们将本书中第1部分关于领导者和第2部分关于领导团队的所有内容融合在一起。但我们还是要坦白，在你开始实践本书中的相关内容时，可能会遇到阻力。在最后一部分，我们将向你展示，我们的客户采取了哪些做法来克服这些阻力，并从积极的力量中获益。阅读完这一部分之后，你将能够：

- **面对阻力时采取行动**。比如，你是否知道，假如从细微处着手，会更有可能取得进步？
- **深入浅出地解释关键概念**。比如，你是否知道，你如果不想说“积极心理学”这个词，那就根本不必说？
- **今天就开始实践这些工具**。比如，你是否知道，你根本不必经历任何烦琐的程序，就能将本书内容应用到你的团队或者公司里？

第九章
积极的离经叛道者：从今天开始要做的三件事

本书的写作初衷是想要和全球范围内的读者分享真正管用的经营方法。我们已经指导了数百名公司高管、私营企业老板、经理人以及他们的团队，并且向他们介绍本书中和你分享的那些小工具。看着我们的客户通过将这些前沿的做法引入自己的企业，使他们的业务得到彻底改善，真是无比荣幸。

让我们来谈一下正向偏差。想象一个钟形曲线，这个曲线代表你能够采取的所有可能的措施，见下图。现在来看这个钟形曲线的正向长尾。我们提供的27个工具都是位于图中正向长尾位置，当我们的客户率先采用这种方式去指导他们自己和企业时，他们就成了积极的离经叛道者。

我们已经从这些积极的离经叛道者那里学到了四个重要的经验教训，而且我们想将这些经验教训传递给你：不要抗拒阻力；从小事做起；别再使用行业术语；另辟蹊径。

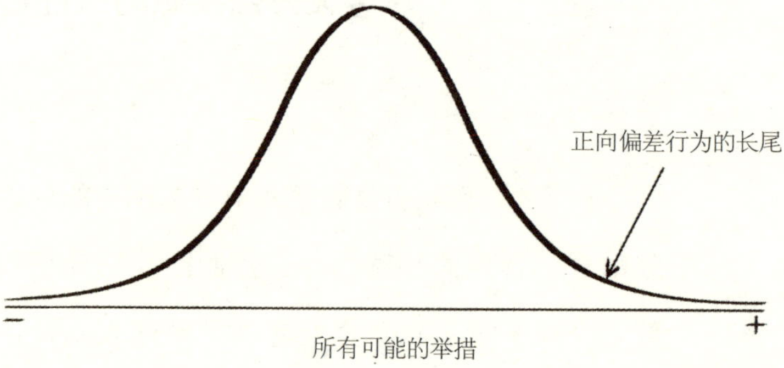

钟形曲线示意图

1. 不要抗拒阻力

无论在工作中，在家庭里，还是在社会上，我们尝试引入新的事物时，都会遇到一些反对意见。怀疑者和反对者到处都是。还记得消极偏见吗？但是，我们的客户和我们一致认为，阻力的存在正是需要改变的迹象。生活中当人们反对我们的想法时，这通常意味着他们平庸的观点需要改变。不要抗拒这些反对意见，要对这些反对意见表示理解并设法解决。假如你需要理解本书中的一些概念，参考附录E：FRESH主题——Fit（契合）、Right（正确）、Emotions（情绪）、Science（科学）和Habits（习惯）。

记住，并非每个人都会反对你的想法。很有可能，你也会有一些支持者，在这种情况下，我们建议从小事着手。

2. 从小事做起

假如你认为自己是践行本书思想的先驱，很有可能你公司的管理方法和其他流程还没有跟上你的想法。比如，领导力的发展计划和绩效评估可能仍在围绕缩小差距而不是利用优势。在日常管理中，对于高绩效的员工只给予公司认可，而没有在私下表达认可；对低绩效员工采取累进式纪律政策，而没有对他们进行指导以提高绩效。在招聘过程中，可能仍然更注重专业技能，而不是人际关系技能或与公司文化的契合度。战略和业务规划讨论可能仍在采用传统的SWOT分析方法（优势、弱点、机会和威胁），而不是SOAR分析方法（优势、机会、愿景和成果）。不要忘记，有许多业务会议仍然非常无聊，没有成效并且代价高昂。不要试图一下子彻底变革所有的商业运作惯例，先做一些小的改变。

从何处着手

本书中，你已经很好地了解了能够用于提高自身和团队工作效率，以及公司利润的 31 种工具。你的工具库中储备丰富。不要试图立刻将所有工具用于实践，仅仅关注其中三项即可。为什么只有三项呢？答案很简单，大道至简。

目标研究人员已经发现，当人们将目标分解成更小的子目标或独立步骤时，反而更有可能实现。研究人员发现子目标增强了人们的信心，使他们更有可能在未来承担更大的挑战。

从今天开始，我要做的三个变化是：

1.______________________________

2.______________________________

3.______________________________

你可能还记得，在前八章每一章的结尾，我们都会问几个思考问题。最后一个问题总是：我可以做的一个小小的改变是什么？假如你当时只是草草记下了自己对这个问题的回答，那么现在就回到每一章的结尾处，重读你自己写的内容。在上面的空白处，写下你今天要做的三个小小的改变。是的，只写三个。假如你当时没有写下答案，还是在空白处，列出你要做的三个小变化（复习所有工具，请参阅本书附录A）。

3. 别再使用专业术语

假如你在表达自己的想法时，满嘴都说着没有人能够听懂的行业术语，那听你说话的人一定会丧失兴趣。积极心理学？谁在乎呢？假如你不想说这个词，那根本不必说。相反，至少拿出你一部分的工作时间，去寻找那些进展顺利的事情。戈尔维策的研究？谁在乎啊？相反，通过发现何时何地你的员工能够完成特定的任务，来指导他们将目标转化成习惯。喷嚏效应？谁关心这到底是什么啊？相反，关注你走进办公室时，自己释放出的情绪。假如这种情绪并不积极，那就改变它。

4. 另辟蹊径

有时，我们充满热情地介绍做事情的一种新方法时，往往会丢弃以前用过的方法。有时我们会忘记所要达成的目标：要持续地改善结果。当涉及对你的同事、老板和你的公司产生的影响时，我们会提供另一种不会带来太多阻力的选择，我们称之为另辟蹊径。

简单地说，另辟蹊径就是指悄无声息地将改变渗入你日常的业务中。你不需要发表通告，不必准备演示文稿，不需要任何的资金。你甚至不需要得到任何许可。你所需要的就是尝试新事物的勇气。我们已经过滤了所有可能出现的风险，因为所有工具都得到了科学证实，并经过了我们的客户和其他企业管理者的测试。

你在实施这些改变时，也不需要证明什么。你取得的成绩会说明一切。你和你的团队会生产出更好的成果，你的客户满意度得分会持续上升，你所负责的项目能够按时在预算内完成交付，并且你们部门的工作氛围调查结果也会优于其他部门。

假如人们对此感到好奇，保持豁达亲切，并与他们分享你所学到的内容。坦诚开放地指导其他人如何实施本书提供的工具。也可以和你的同行、团队、办公室成员在所在区域设立一个读书俱乐部。最好让这些充满好奇的探究者和你的团队面谈，来发现你和你的团队因何取得这些伟大成就的第一手资料。

成为积极的离经叛道者——这些问题说明你在正确的方向上前进

当你悄无声息地实践本书提到的工具时，其他人会感到好奇。你会听到下面这些问题：

- 他是如何取得这些成绩的？
- 为什么这个部门的人总是能超额完成计划？
- 他是如何能够留下顶级人才的，而我似乎留不住任何人？
- 为什么他的员工似乎真的很享受他们的工作？
- 为什么每一个人看起来都十分乐意在那边工作？

驾驭细微差别

现在你已经知道如何将这本书的内容应用到工作中——不要抗拒阻力，从小事做起，别再使用专业术语，另辟蹊径。本书中有几处地方的两个工具可能看起来彼此对立。让我们在此将这一问题阐释清楚，它们分别是：设立还是不设立目标，完成还是不完成工作，吸引还是不吸引差异，回顾还是不回顾过去，要找到还是不寻找问题的解决办法。

设立还是不设立目标。在第一章中，我们建议你“培养习惯，而非只是设定目标”。然后在第七章，我们又建议您“不要制定过于简单且模糊不清的目标”，而要设定困难且具体的目标。到底选哪一个呢？我们绝对更偏向于习惯。但是，当你在做一次新的尝试时，可以先设定一个目标，然后再考虑将这个目标转化成一套习惯。还有，假如你领导着其他人，设置一些有挑战性的明确目标，对持续提高业绩和后期反馈是有必要的。

完成还是不完成工作。在第一章，我们建议你“诱导自己进入状态”，这是利用了蔡格尼克记忆效应：为了使自己返回工作中时，能更好地记得工作内容，故意留下一些工作不做处理。但是，在同一章中，我们建议你“外包”你的部分工作给大脑的自动处理区域，使这项工作得以完成。你最好的选择就是，在某些情况下可以完成一项任务，而在其他情况下，留下一些工作不做处理可能更好。这里有一个差别也许能够帮助你做出决定：当一项任务需要一些创意的想法时，留下一些工作不做处理可能会有很好的效果。而那些性质上更具重复性的工作，通常最好是交给大脑的自动区域去处理。由你来决定。

吸引还是不吸引差异。在第五章，我们建议你要“发现简历之外的闪光点”，寻找那些和你的公司文化十分契合的人。记得美捷步公司的怪异因子和Google精神吗？但在第六章，我们讨论了“将优势转化成一项团队活动”，讨论了素质全面的团队以及为差异喝彩。那到底要怎样做呢？欣然接受那些使你的公司文化保持独特的特质，寻找那些能在你的公司文化中施展才华的人。但是，也要密切关注那些拥有某种技能，可以充实你自身和你的团队的人。

回顾还是不回顾过去。还是在第五章，我们建议你“发掘过往，预测未来”。但在第七章，我们又说你应该

“预估绩效，而不仅仅是评估绩效”。这又该选择哪个？两者都选。深入了解一位求职者的过去十分重要，这是为了了解求职者是否适合这个岗位、满足公司需要。但一旦你决定录用他们，就需要让他们想象一下自己的未来。

找到还是不寻找问题的解决办法。在第四章，我们说过“不要再问错误的问题”，并且建议你关注进展顺利的事情。在同一章的后半部分，我们又建议你“找出解决方案，而不是错误”。同样，这又该选择哪个呢？两者都选。找到问题的解决办法对任何企业来说都至关重要，但假如你不去发掘公司里面进展良好的事情，你就遗漏了结果方程式中一个重要的因子。

关键点总结

你不必成为一个专家，有一大笔预算，或者得到老板的允许，现在就可以开始实施本书中经过测试的技巧。你不需要让任何人知道，就能够成为积极的离经叛道者。但是，当别人对你取得的成绩感到好奇时，不要惊讶。记住：假如你做到下面几点，在你的团队或公司内外，你都可以产生更多的影响力。

- **不要抗拒阻力。**预料到阻力的发生，就不会对它感到惊讶，将它看作一个充满希望的改变的前兆。
- **从小事做起。**不要认为你要等到你的公司或人力资源部门改变它们的政策或者做法的时候，才开始使用这些技巧。相反，从今天起，挑选出三件事情开始执行。
- **别再使用专业术语。**一些人可能会对积极心理学感兴趣，但也不要使用人们不熟悉的行业术语。
- **另辟蹊径。**关注结果，并用你取得的成绩去说明一切。

还想了解更多吗？我们鼓励你在本周就访问我们的网站 www.ProfitFromThePositive.com，以获取额外的资源，也鼓励你通过Twitter（@profitbook）来与我们联系。你可以随时将你的问题通过电子邮件发到book@ProfitFromThePositive.com，我们当然非常愿意了解哪些事情进展得很顺利。让我们知道你已经实践了哪些工具，以及你已经看到什么样的结果。你和你的公司还实践了什么其他的积极的商业措施吗？谁知道呢？也许我们会为本书的续篇采访你呢。诱惑你自己开始吧，你和你的公司将会从积极的力量中获益。

需要思考的问题

读完本章后，问问自己下面这些问题：

1. 我该如何向同事描述这本书？

2. 我是否应该把本书推荐给他？我的同事或者朋友中谁最有可能是积极的离经叛道者？

3. 还有谁最有可能支持这本书的想法，我如何网罗到这些人？

4. 我能预料到来自他人的何种阻力？我应该如何处理它？

5. 为了从积极的力量中获益，我现在能够立刻采取的一个小小的改变是什么？

附录A

本书中所提及的全部31个工具

目标：利用这个总结来评估你目前所处的阶段，并且跟踪进度。

第1部分　关于领导者

第一章 高效的管理者： 不仅仅是管理时间	我将用这个工具做实验	我已经开始使用这项工具	我已经掌握了这项工具
1. “事先计划”，而不是“直接去做”			
2. 诱导自己进入状态			
3. 培养习惯，而非只是设定目标			
4. 努力做到事半功倍			

第二章 有心理弹性的领导者：来自心理学的鞭策	我将用这个工具做实验	我已经开始使用这项工具	我已经掌握了这项工具
1. 不要放弃，只需要放弃做专家			
2. 戴上探索者的帽子			
3. 赢得和自己的辩论			

第三章 有感染力的领导者：控制你的情绪，而不是你的雇员	我将用这个工具做实验	我已经开始使用这项工具	我已经掌握了这项工具
1. 认识喷嚏效应			
2. 必要时把自己训练成奥斯卡演员			
3. 不要做控制狂			

第四章 从优势出发的领导者：将正确做法发扬光大	我将用这个工具做实验	我已经开始使用这项工具	我已经掌握了这项工具
1. 不要再问错误的问题			
2. 找出解决方案，而不是错误			
3. 了解自己的优势，否则没人会了解			

第2部分 关于团队

第五章 招聘：契合度测试	我将用这个工具做实验	我已经开始使用这项工具	我已经掌握了这项工具
1. 发现简历之外的闪光点			
2. 发掘过往，预测未来			
3. 不要忽视你公司的文化怪癖			

第六章 敬业的员工：激发员工做到最好 vs 激发员工尽到全力	我将用这个工具做实验	我已经开始使用这项工具	我已经掌握了这项工具
1. 不要纸上谈兵			
2. 将优势转化成一项团队活动			
3. 与其解雇那些工作表现不佳的员工，不如点燃他们的热情			
4. 给予员工频繁认可和鼓励			

第七章 绩效考核：要么改变，要么终止	我将用这个工具做实验	我已经开始使用这项工具	我已经掌握了这项工具
1. 多关注优势，但也不要忽略弱点			
2. 不要制定过于简单且模糊不清的目标			

（续表）

第七章 绩效考核：要么改变，要么终止	我将用这个工具做实验	我已经开始使用这项工具	我已经掌握了这项工具
3. 预估绩效，而不仅仅是评估绩效			
4. 和员工友好地聊聊天，不要总是责骂他们			

第八章 会议：从能量破坏力到能量增强剂	我将用这个工具做实验	我已经开始使用这项工具	我已经掌握了这项工具
1. 以积极的氛围启动会议			
2. 练习峰终定律			
3. 使你的整个团队通力合作			

第 3 部分　将前两部分整合在一起

第九章 积极的离经叛道者：从今天开始要做的三件事	我将用这个工具做实验	我已经开始使用这项工具	我已经掌握了这项工具
1. 不要抗拒阻力			
2. 从小事做起			
3. 别再使用专业术语			
4. 另辟蹊径			

附录B

从优势出发的领导方法是否适合我

管理者的自我评估

目标：成为从优势出发的组织，就是一场自我探索的旅程。完成下面这个快速评估，来弄清楚从优势出发的方法是否适合你和你的领导风格。请在最能描述你的方框中打钩。

	强烈不同意	不同意	既不同意也不反对	同意	强烈同意
我在寻找一个快速的应急措施来改善结果					
认识到你的全部潜力，更多的是去了解自己的不足，而非优势					
员工处于经理密切监视中时，更具生产力					
这家公司的前景黯淡					

（续表）

	强烈不同意	不同意	既不同意也不反对	同意	强烈同意
我不必去认可和鼓励员工做好工作，付薪水雇他们来就是要工作的					
我没有时间去充当员工或者团队的伯乐					
假如员工不能表现得很好，外面还有足够的人可以招聘					
我关注于解决问题，几乎不去关注那些进展良好的事情					
和他人友好相处，对实现结果没有任何贡献					

分析与建议

• 假如你大部分的选择都落在了前面两栏：

将从优势出发的方法引入你的团队或者企业是非常合适的。实际上，你很可能已经采用了这个方法。在本书中，你将能够找到更多的方式，去应用从优势出发的方法。

• 假如你大部分的选择落在中间那一栏：

将从优势出发的方法引入到你的团队或者企业中，可能是合适的。也许你刚刚接触管理工作，或是太忙了而没有机会去探索你想要如何领导他人。在这本书中，你将找到大量实用的工具和技巧来帮助你。

• 假如你大部分的选择落在最后两栏：

我们不建议你将这种从优势出发的方法引入你的团队或是企业中，除非在看待你的角色和员工的方式上面，你愿意做出重大改变。你可能是拿起了这本书，或是某人拿给你看，因此你一定对你能学到的事物感到非常好奇。请继续阅读。

附录C

将优势转化成一项团队运动

目标：用于指导和你的团队进行的一次讨论，以此来识别、重视并利用个体和团队优势。

用一种圆桌会议的方式，每一位团队成员分享一个或者更多优势，并且谈论能够激发和消耗能量的工作类型。用下面这些问题来推进这场讨论：

1. 关于我们的团队特点，你注意到了什么？（参考下表）

2. 考虑到我们的工作性质，这工作和我们的优势的契合程度如何？

3. 我们有盲点吗？假如有，考虑到我们工作的特性，有一些重要的盲点存在吗？在这种情况下，我们如何填充盲点？

4. 有没有一个工作角色是我们应该稍做调整或是重新设计，以更好地适应员工优势的？

5. 我们如何能够更好地依靠或者利用彼此的优势？考虑到我们的优势和工作性质，我们应该在哪些方面加强合作？

领导力优势四大领域*

团队成员	执行力	影响力	建立关系	战略思维
	成就 统筹 信仰 公平 审慎 纪律 专注 责任 排难	行动 统帅 沟通 竞争 完美 自信 追求 取悦	适应 伯乐 关联 体谅 和谐 包容 个性 积极 交往	分析 回顾 前瞻 理念 搜集 思维 学习 战略
莫林	审慎#1 责任#2 公平#4 信仰#5		和谐#3	
吉姆	责任#1 信仰#2 纪律#3 成就#5			战略#4
阿里	成就#2 责任#4 专注#5			学习#1 搜集#3
桑杰特	责任#2 统筹#4 成就#5	完美#3	交往#1	

（续表）

团队成员	执行力	影响力	建立关系	战略思维
乔安妮	责任#5	完美#4	和谐#2 伯乐#3	回顾#1
博比		完美#2 取悦#3 行动#4	体谅#5	战略#1

*本表使用了《盖洛普优势识别器2.0》一书中的表述。

附录D

频繁认可和鼓励

管理者的自我评估

目标：这用来查明你今天给予了员工多少次认可和鼓励，来帮助他们专注于自己的工作。请在你认为最能够描述你的那一个方框中打钩。

	强烈不同意	不同意	既不同意也不反对	同意	强烈同意
我经常对员工取得的成绩给予认可					
我经常对项目取得的里程碑式的进展表达认可					
人们经常描述我是团队的热情拥护者					
即使对很小的成绩，我也会表达认可					
我经常鼓励并（或）赞美我们的员工					
总计					

分析与建议

• 假如你大部分的选择落在前两栏中：

如果试着向员工频繁地表达认可和鼓励，你有很大机会从团队工作效率的增长中获益。不妨从现在开始。

• 假如你大部分的选择落在中间那一栏：

你可能已经做了很多正确的事情，但要更加有意地向员工提供频繁认可和鼓励。在这本书中，你将找到许多实用的工具和技巧来帮助你。

• 假如你大部分的选择落在最后两栏：

你和你的员工已经因为频繁认可和鼓励获益，并且给别人树立了很好的榜样。请继续保持。

员工对管理者的评估

目标：就经理在向你和其他员工表达认可和鼓励一事上到底做得如何，提供反馈。请在最能表达你的观点的方框中打钩。

频繁认可和鼓励	强烈不同意	不同意	既不同意也不反对	同意	强烈同意
我的经理经常对我所取得的成绩表达认可					
我的经理经常对项目取得的里程碑式的进展表达认可					
我认为我的经理是我们团队的热情拥护者					
我的经理对即使很小的成绩也会留意					
我的经理经常鼓励并（或）赞美我					
总计					

请将这份评估报告交给你的经理。

分析与建议

• 假如你的员工大部分的选择落在前两栏：

如果试着向员工提供频繁的认可和鼓励，你有很大机会从团队工作效率的提高中获益。

• 假如你的员工大部分的选择落在中间那一栏：

接下来你也许会想要和你的员工单独谈谈，弄清楚他们到底是怎么想的。他们是否害怕提供一份坦诚的答卷？

• 假如你的员工大部分的选择落在最后两栏：

你的员工感到被重视和欣赏，并且更有可能成为高度敬业且极具生产力的员工。

现在将你的自我评估和雇员的评估报告进行对比：

你认为你的自我评估和员工对你的看法，有多接近？

为了使向员工表达认可成为一种习惯，你能够采取的一项或两项行动是什么？

附录E

FRESH主题

在本书中，出现了5大主题，我们称之为FRESH：Fit（契合），Right（正确），Emotions（情绪），Science（科学），以及Habits（习惯）。这可能是向别人介绍这本书中的概念时一个简单且快速的方式。

契合 什么是契合？契合的概念体现在我们的招聘实践中，既有与工作本身的契合，也有与公司文化的契合。契合也会出现在我们根据员工优势分配工作的方式中。当要招聘新员工时，我们需要拓展对良好契合的真正意义的理解。现今我们往往会关注求职者的专业技能、教育背景和工作经历。我们不那么重视人际交往技能的重要性，以及求职者与公司文化的契合程度。求职者一经录用，我们又会聚焦在这些员工的短板，而非他们的优势上。你可能很熟悉这句谚语，“他正是那种方枘圆凿、不得其所的人”。这正是我们不关注契合度时会出现的问题。相反，我们需要和员工讨论（不是一年只有一两次的那种），他们怎样才能提升自身优势和所做工作之间的契合度。

正确 什么是正确的？大部分人都接受过寻找“什么是错误的”这样的教育或培训。这常常是我们看待世界的方式。我们解决问题。我们缩小差距。我们弥补人和事的不足。用这种赤字方式来经营你的企业，你的公司也只能发展到某一个程度。我们非常善于事后检讨，这样我们能够避免今后犯同样的错误。但是，我们却很少用这样事后检讨的严谨态度，去分析我们做了哪些正确的事情。想象一下，将你公司进展顺利的一个方面复制到另一个方面，这将能为你的业绩带来怎样的提升呢？赤字方法也经常被用于人员管理中。假如你所做的，就是挑出你的员工做错的地方，或者仅仅关注与弥补他们的弱项，那你就遗漏了两个重要的驱动力：优势和认可。

情绪 你在传递着什么样的情绪？我们的情绪，无论是积极的还是消极的，都是极具感染力的。积极情绪扩大了我们的创造力，而消极的情绪则会使我们丧失创造的动力。走进办公室或其他工作场所的那一刻，你的行为举止至关重要。你如何召开会议也同样有重大影响。为什么这样说？因为你的情绪不仅会对你自己的生产力产生积极或消极的影响，对你的员工来说亦是如此。

科学 有什么科学依据？这本书不是鼓吹某种个人观点的自助类书籍。相反，我们一共分享了30多种工具，这些工具均有科学证据支持，并且被许多当今成功的企业领导者使用。

习惯 你能将什么转化为习惯呢？我们常常浪费大量的时间去思考我们要做什么。大多数人总是在思考——“我要写那份报告”“我要给那位客户打电话”“我要去健身”，而不是下定决心立刻去做。我们外包给大脑自动区域的任务越多，我们的效率就越高，然后我们也就会拥有更多的时间，集中精力有意识地思考对我们来说最重要的那些事情。本书中的大多数工具都能够轻松地被转变成一种习惯，比如说在一个积极的氛围中召开会议，花10分钟的时间来制订一天的计划，以及向他人提供频繁的认可和鼓励。

阅读与讨论指南

你已经尝试了一切方法，现在尝试一些真正有用的吧。

本书是为那些已经从精益六西格玛之类传统的企业管理方法中获益，同时也在寻求更多经过实证的方法来使企业获得成长、提升或转型的领导者而写的。我们并不在意你只有三个雇员，还是领导着 3 000 人的团队。

我们把来自积极心理学领域的最新发现变成简明的、可操作的工具，你不需要花费一分钱，也不需要雇用昂贵的咨询公司就可以立即运用这些方法。那么，什么是积极心理学呢？

首先，让我们明确积极心理学不是什么：积极心理学并不是积极思维方式。积极心理学的研究者研究的是诸如工作效率、心理弹性、动机、情感、力量、团队动力等其他更多内容。积极心理学的研究者寻找的是每一个商业领导者努力克服的问题的答案：如何在不增加员工人数的情况下提高生产力？如何能让团队成员通力合作或迈出实质性步伐？如何动员人们表现出他们最好的一面？

本书是一本为商业领导者、企业管理者、执行教练和人力资源专业人士而写的实用指南。

小组讨论问题：

我们希望通过阅读本书收获什么？

第1部分

第一章　高效的管理者：不仅仅是管理时间

我们的一位客户埃迪过去习惯于在参加电话会议时查收邮件，发短信，发微博。他认为同时处理多项任务让他的工作更有效率。然而他的想法是错误的。要知道，多任务同时进行会将你的工作效率降低至少40%。在本章，我们为你提供了4个基于实证的工具，能使你在不增加工作时间的前提下变得更高效。第一，不要像耐克广告语建议的那样“直接去做”。与这句时髦的口号相反，研究表明，如果你以“事先计划”取代“直接去做”，工作效率会大大提高。第二，了解蔡格尼克效应如何能够帮助你克服拖延和完美主义倾向。第三，我们在商学院都被灌输过设定恰当的目标能提高表现水平这个理念。忘记它吧。我们已经有足够的证据可以解释，为什么你应该做的是培养习惯，而不是设立目标。把培养习惯看成是你的一部分工作，外包给大脑的自动化工作部门。第四，设法做到事半功倍。成功的公司，例如索尼公司，已经发现，如果员工有更多的休息时间，偶尔停止接收工作邮件，必要时能请假休息，他们在实际工作中会变得更高效。要做一名高效的领导者，掌握一些简单的时间管理技巧是远远不够的。你需要创造一种思维方式。在本章我们会教你如何做到这一点。

小组讨论问题：

1. 为了提高工作效率，我们每个人可以采取的最佳行动是什么？依靠大量咖啡因可不算数。

2. 我们能把哪个目标转化成习惯？

3. 有什么方法可以让我们事半功倍？

第二章　有心理弹性的领导者：来自心理学的鞭策

作为一个领导者，只做到高效是不够的。如果要让他人追随你，你还需要是一位有心理弹性的领导者。每个人都会偶然遇到职业上的挫折，例如错失一位重要客户，在为高层管理者做报告时表现糟糕，或者错过升职机会。然而，最重要的是，你能多快地从这些负面事件中重新振作起来——这种能力可以区分平庸领导者和优秀领导者。“如果你希望富有创造力，那就必须愿意经受失败。”亚马逊网站的创始人兼首席执行官杰夫·贝佐斯如是说。亚马逊作为全球最大的在线零售商也有其失败的经历：雇用昂贵的编辑写书评，盲目发展审计业务等。不同于贝佐斯的态度，我们大多数人把失败看作瘟疫，避之唯恐不及。而且，当我们真的遭遇失败时，我们还要狠狠地打击自己，给自己施加更多的压力。在本章中，你将学会如何给自己心理学的鞭策：通过改变你的思维方式，而不是改变你做事的内容。我们有三个工具，它们的有效性已经在数百次研究中得到验证：放弃做专家，戴上探索者的帽子，赢得和自己的辩论。

小组讨论问题：

1. 在哪些情况下我们因为自以为是专家，反而使自己陷入了困境？

2. 我们持有哪些自我限制的成见？能否选择那些能够让我们感觉更有能量的新观念来取代这些成见？

第三章　有感染力的领导者：控制你的情绪，而不是你的雇员

你可能已经是一位高效的领导者，甚至也是一位有心理弹性的领导者，但你是否明白，你还必须意识到，你是一个有感染力的领导者？为什么呢？细菌和感冒病毒并不是唯一在工作场所蔓延的事物。我们的情绪，无论是积极的还是消极的，一样富有传染能力。这种情绪在人与人之间互相感染的现象被我们称为喷嚏效应。然而，请猜一下谁的情绪最有感染力？领导者。研究者发现，当领导者处于正面情绪中时，团队完成的任务比平时更多。不幸的是，相反的结论也成立，当领导者处于负面情绪中时，团队的表现会变差。辛迪·比奇洛，百杰乐茶业的总裁，这样总

结道：领导者不能承担负面情绪造成的高昂损失。在本章，你会学到简单的经过实证的技术，消除负面情绪带来的负面影响。我们同时会教你如何管理自己的控制狂倾向。控制狂倾向不仅影响你自己的工作效率，也会影响团队的工作效率。

小组讨论问题：

1. 有没有人意识到自己是一个爱发牢骚的奥斯卡明星？

2. 我们中的任何人有微观管理的倾向吗？我们如何帮助彼此克服这种倾向？

3. 我们如何才能不带敌意地给彼此诚实的、有建设性的反馈？

第四章　从优势出发的领导者：将正确做法发扬光大

现在你已经知道如何做一个高效的、有心理弹性的和有感染力的领导者。要做一名成功的领导者，你必须再培养一种特质。视野？不是。创新力？也不是。人格魅力？

也不沾边儿。我们称这种特质为从优势出发的思维方式。关注优势，或者关注做得好的方面，听起来可能简单，但实际上并不容易做到。对于我们大多数人而言，默认的行动模式是以解决问题为导向的。“我的角色是分析问题，然后找到解决方案。”我们的一位客户说，“老板付给我薪水，难道不是让我做这些事吗？”在本章，我们在你用来解决问题的智囊中增加一项：发掘你的公司中已有的正确做法，就像丰田公司那样。这完全取决于你的提问角度。我们也会向你展示，简单地通过改变你对坏消息的反应方式，就可以将团队表现水平提高近40%。我们会教给你一个免费的方法，只需要三分钟，你就能发现自己的优势。

小组讨论问题：

1. 在附录B《从优势出发的领导方法是否适合我》这个管理者自我评估测试里，大家的得分怎么样？

2. 我们已经采用了哪些可以被认为是从优势出发的工作方法？

3. 在哪次商业实践中，我们可以采取哪怕只是一个从优势出发的方法？

第 2 部分

第五章　招聘：契合度测试

“他已经满足了所有关于专业技能和工作经验的条件要求，但就是没能达到我们所期望的结果。”你是否对花大把的钱给猎头公司而感到厌倦？当你的明星员工失去昔日光彩时，你是否对再一次全面重新开始的招聘过程感到厌倦？你需要立即聘用一个团队，来负责即将推广的新业务？招聘一个不合适的员工会让一家公司付出 15 倍于该员工薪水的代价。在本章，我们会教你如何通过了解一个人简历之外的品质来避免代价高昂的招聘失误。另外，你能从一些规模或大或小的公司中学到很多东西，以保证下一次做出成功的招聘决策。从Rackspace公司的 10 小时面试，到谷歌公司的“Googly”测试，到美捷步公司的“你觉得自己的怪异度是多少？”提问，我们为你总结了一些最好的方法并教你如何运用它们。

小组讨论问题：

1. 我们的“契合度测试”版本怎么样？

2. 使我们的公司或部门获得成功的价值信条是什么？我们应该向候选人提出哪些问题，以确定他们是否适合该职位？

3. 找出一个近期或不久以后需要填补的岗位。除了技术能力、学历和经验以外，有哪三种品质或人际能力是成功胜任这个岗位所需要的？为了确定候选人是否具备这些能力，我们可以提出哪三个问题？

第六章　敬业的员工：激发员工做到最好vs激发员工尽到全力

一位与我们共事的首席信息官很好奇，他希望了解为什么他的团队中只有一部分人能按时完成项目，而且这部分人看起来比其他人更享受工作。他还特别想知道，是不是由乐观的管理者领导，团队会更加投入工作，更有效率。他寻找的隐秘的原因是什么呢？乐观？不是。是频繁认可和鼓励。在本章，我们会向你介绍我们的原创研究。研究结果表明，频繁认可和鼓励能将员工的工作效率提高40%，而且这个方法是免费的。你会看到美捷步公司和其他一些成功的公司是如何运用这种方法的。我们也将教你如何把优势转换成一项团队运动，如何应用一个简单的可视化模型提高生产力。

小组讨论问题：

1. 我将如何向我的员工介绍优势的概念？

2. 为了更了解我们的员工，今天我们做了什么努力？我们还可以做其他努力吗？我指的不是另外设立一个“项目”。

3. 有谁曾尝试用“心流模型”来改善员工的表现？效果怎么样？

第七章　绩效考核：要么改变，要么终止

我们并不确定究竟是谁更担心绩效考核：经理，员工，还是人力资源部门？然而，管理者真的应该更频繁地进行绩效考核。为什么？因为如果方法运用得当，它能够改善员工的工作表现。在本章，我们首先揭露了当今大多数公司采用的绩效评估系统。例如，我们不应该只是回顾绩效，而应该

预估绩效，了解几十年来运动心理学家是如何用同样的原理训练运动员的。你还会发现，通过关注员工擅长的工作，而不是他们需要改进的方面，能使员工的整体表现提升1/3。你也将了解大丰收公司、Mozilla基金会、Unum集团的管理者和员工是如何改进令人畏惧的绩效考核制度的。

小组讨论问题：

1. 我们现行的绩效管理流程怎么样？有需要改变的地方吗？

2. 目前我们用什么方法收集员工的绩效反馈？还能做些什么以确保反馈的平衡和及时？

3. 今年我们能否用一种新方法设定目标，以使目标能很好地被执行？

第八章　会议：从能量破坏力到能量增强剂

“我几乎生活在会议中。从早上到达办公室的那一刻开始，一直到离开，我往返于一个接一个的会议中。甚至有时已经有更多的会议被提前预订。我连仅仅用来思考的时间都没有。”我们的客户格洛丽亚第一次来咨询时，这样描述她典型的一个工作日。在本章，你将学会不再让无休止的会议吞噬你的时间和能量。第一，使用魔法比例避免下一次会议变成批斗大会。第二，学习如何利用峰终定律使下一次会议充满正能量。第三，学习如何让你的团队通力合作。

小组讨论问题：

1. 根据3：1魔法比例，如何评估我们的会议？

2. 有哪些会议的长度可以缩短，频率可以降低？

3. 我们能做些什么，使会议在积极的氛围中开始和结束？

4. 在由他人主持的会议中，我们能做些什么来改进会议的品质？

第3部分

第九章　积极的离经叛道者：从今天开始要做的三件事

在最后一部分，我们将本书第一部分关于领导者和第二部分关于领导团队的所有内容整合在一起。但我们还是要诚实一点儿。当你开始实践本书中的相关内容时，你可能会遇到阻力。这些有科学研究支撑并经过实践检验的建议，已经被数十家公司和上百名企业领导人及其团队成功执行过，请从其中学习如何做一个积极的离经叛道者。执行这些经过实践检验的工具，你不需要做一个专家，不需要做预算，也不需要征求老板的同意。你可以在别人都不知情的情况下做一个积极的离经叛道者，并从中获益匪浅。

小组讨论问题：

1. 有哪些工具恰好符合我们的情况，今天就可以执行？

2. 有哪些工具需要我们多花一点儿时间去执行？

3. 在本书中有哪些新鲜的议题，我们如何运用它们去教育其他人？

4. 我们在使用这些工具时，预计会遇到什么样的阻力？我们应该如何面对？

致 谢

感谢下面的同事、家人和朋友，是他们帮助我们将一个处于萌芽状态的想法转变成你手中的这本书：

丹纳·阿拉卡瓦，斯科特·阿萨隆，克里斯·波特蒂，凯瑟琳·布里顿，安与史蒂文·夏博诺，沙林·格里登，卡罗琳，梅根，尼尔·格林伯格，吉娜·格林利，尼古拉斯·霍尔，詹姆斯·哈布，裴迪·赫希，史蒂芬尼·赫希，卡洛尔·霍夫曼，罗那－雷尼·杰克逊，鲍勃·缪特施托克，蒂姆·梅纳德，米歇尔·马扎雷拉，扎克，吉娜，菲尔，阿兰，丹·梅敏，皮特·麦克唐纳，拉什米·梅农，蒂娜·美林，扎克·内尔森，吉尔·欧布里安，凯西·欧文，戈登·帕里，大卫·J·博莱，杰米·拉伊曼，詹森·拉努奇，汤姆·拉斯，梅耶斯·萨玛利亚，丹尼尔·索尔，简·史丹利，马克·泰斯塔，格雷格·特朗特，道格·特纳，丹·特泽，斯科特·阿辛格。

我们要特别感谢我们的经纪人：马歇尔里昂文学社的吉尔·马歇尔和我们的编辑——麦格劳—希尔出版公司的凯西·埃布罗。他们对我们非常信任，努力帮助我们做了许多工作。还有，要强烈鸣谢麦格劳—希尔出版公司的优秀团队：帕蒂·阿莫罗索，斯泰西·阿什顿，塔拉·西伯利，玛丽·格伦，莫林·哈珀，乔治·霍尔，阿什利·劳，艾里克·洛温克伦，罗恩·马蒂拉诺，阿米娜·麦戴吉克，泰·诺维茨基，马克·帕特森，帕米拉·皮特森，基斯·普菲佛，劳拉·伊，莉迪亚·里那迪，以及其他在幕后做出巨大贡献的人。

最后，也是最重要的，我们感谢这些年来接受我们培训的执行官、管理者、企业家以及团队，我们称他们为积极的离经叛道者，他们也是第一批采纳本书中基于科学研究的工具的先行者。感谢他们。

玛格丽特和塞尼亚